ひとが生まれる

五人の日本人の肖像

鶴見俊輔

角川新書

はじめに

人間はいつ自分になるのか。

人間は、生まれた時に、いきをする。手足を動かす。その時に木の枝などにぶらさがらせれば、けっこうぶらさがれるそうだ。手をひいて歩かせれば歩けるそうだ。

そういうことは、生まれてからすぐにまた忘れてしまうけれども、それにしても、私たちが自然に知っていること、なんとなく覚えてしまっていることは、じつにたくさんあるものだ。

そんなふうにして、なんとなく私たちはことばを覚え、人間としてのいろいろのしぐさを覚えてしまう。それでけっこう暮らせる。

ところがそのうちに、なにか変なことが起こる。いままで自然に覚えたことでは、どうにもそこをこえられない。

今まで自分にそなわった力では、それとかくとうしても、組みふせることができない。そういう恐ろしさの中から、あたらしい自分が生まれる。

そういう自分の誕生の時は、生まれてから何年目にくるといえない。いつとはなしに自分が自分になっていたという感じの人も多いと思う。

ずっと前に私は、大学の一年生に自分の最初の記憶について書いてもらって、びっくりしたことがある。最初の社会的事件の記憶として残っていることが、何歳の時のことであったか、あまりばらばらに分かれていたからだ。

子どもの時に満州《まんしゅう》（中国東北部）で戦争の終わりを迎え、ソヴェト・ロシアの兵隊が自分たちの家族に襲いかかってきたという経験を書いた人の場合などは、小さい時に起こったことでも、じつにはっきり覚えていた。空襲で自分の家が焼かれたという記憶も、小さい時でもはっきり残っていた。しかし、そういう特別なことに会わない少年にとって、はじめてのはっきりした記憶は、ずいぶんあとになってできる。

自分が、どういう時代のどういう世の中に生きているのかというふうに、自分を社会の中の一人としてとらえることが、いつある人にとって起きるかには、いろいろの場合がある。だが、人間が、隣の人と違うからだとこころをもって個人として生きているからには、社会の中の一人として自分をとらえる時が、いつかは、やってくる。

私はこの本の中で、自分の誕生の記録が残っている五人の人について書いてみたい。この五人の誕生の記録をたどってゆくと、そこに日本の姿が現われてくる。そのように、この人たちは、日本の社会の歴史と深く結びついていた。

目次

中浜万次郎——行動力にみちた海の男

一八四一年の六月二七日、北アメリカの捕鯨船ジョン・ハウランド号が、太平洋上の小さい島に近づいた。そのころの捕鯨船は故国を離れて二年も三年も航海する。陸地に寄らないで何か月も走ることがあるので、水も食べ物もたりなくなる。この日も砂の中に埋まっているウミガメの卵をとろうとして、この島に来たのだった。

北緯三〇度、東経一四〇度のところにある鳥島《とりしま》という島である。当時その島にはまだ名まえもついていなかった。前にだれかが名まえをつけたことがあったとしても、ハウランド号の乗組員はそれを知らなかった。

アメリカ人が二そうのボートを出して、この名もない島にのぼってみると、そこに五人の人間がいた。

一人は万次郎《まんじろう》。四国の土佐《とさ》（いまの高知県）、足摺岬《あしずりみさき》の中《なか》ノ浜《はま》の生まれで、一四歳。そのほかに船頭の筆之丞《ふでのじょう》、三六歳。筆之丞の弟、五右衛門《ごえもん》、一四歳。同じく筆之丞の弟、重助《じゅうすけ》、二三歳。筆之丞と同じ村に住む寅右衛門《とらえもん》、二四歳。

万次郎のほかの四人は、宇佐《うさ》という村の生まれで、この舟も、宇佐の徳右衛門《とくえもん》という人の持ち舟だった。万次郎だけが、足摺岬に近い中ノ浜から来ており、この舟ではいわばよそものだった。

五人は、この年の一月二七日（旧暦では正月五日にあたる。正月の祝いをすましてすぐ出たことになる）、長さ二丈五尺（約一〇メートル）ほどの舟に乗り組んで漁に出た。ハエナワといって、つり針のついた糸のたくさんついている長い縄をおろして、魚をとる舟だった。

アジ、コダイ、サバなど、かなりの獲物がはじめにはあったのだが、漁に熱中していてきりあげる潮時を失った。気がついた時には、まわりに仲間の舟が見えない。帰ろうとするうちに、（一月二九日の）夕方になって、万次郎の故郷に近い足摺岬の東の沖であらしに襲われ、陸から遠く流されてしまった。

あらしとたたかうあいだに、かじも、櫓《ろ》も折れたり、流れたりして、使えなくなった。

万次郎たちの漂流航路

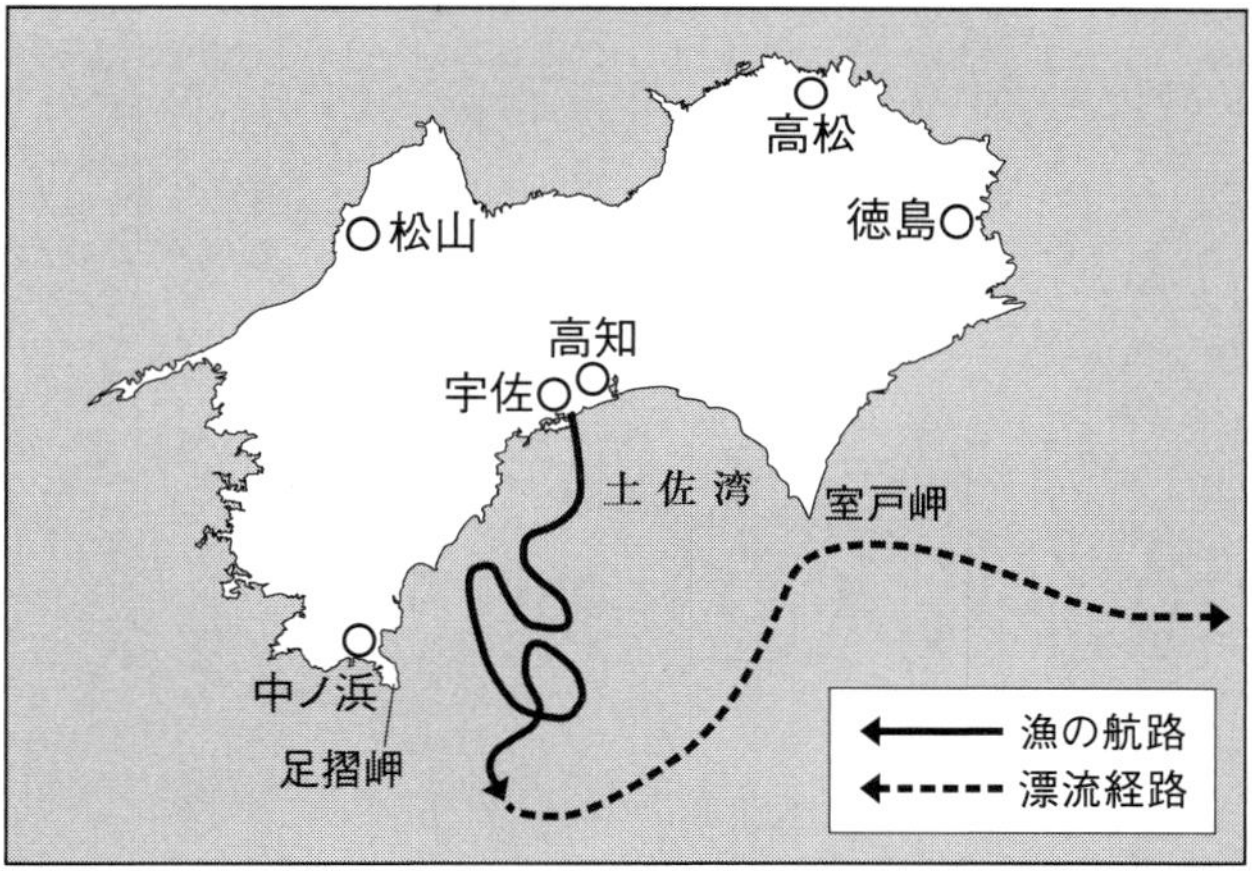

夜があけると、見なれた故郷の山が見えたので、助かるのではないかと思っていたが、いたずらに山を見ているだけのことでなにもすることはできず、舟は、黒潮《くろしお》にのってものすごい速さで東南にむかって流されてゆき、やがて海のほかにはなにも見えなくなった。

つかれたからだにとって、たえがたいほどの寒さだった。

「神さま。仏さま。なんとかして私たちを助けてください。生まれ故郷に、かえしてください」

と、かれらは、口に出して祈るほかなかった。

はじめに一斗《と》（二斗とも言う）ほどの米をつみこんでいたが、それも食べてしまい、あとはつりためておいた魚を焼いて食べていた。あらしにあうまでに相当の獲物があったので、まだ食べきれないほどだったが、しかし、かんじんの水がもう尽きかけていた。真冬だから、すぐに手足がかじかんでしまって、文字どおり手も足も出ない。

　二月四日の昼すぎ、とおくに島が見えた。

「あれは、藤九郎《とうくろう》という島だ。あの島の見えるところには、きっと島があるぞ」

と、年配の筆之丞が、言った。

「島であってほしい。どんな島でもよいから、どうかその島に、流れつかしてほしい。」

　一同はそう言って、また、神と仏に祈りつづけた。

　その日の夕方、折れた櫓をあやつって、ようようにこぎつけてみると、それは、まぎれもなく、一つの島だった。しかし、五人は皆が皆、もうへとへとに疲れていて、見知らぬ島にあがってみようという元気がでない。ともかく、一晩、ゆっくり寝てからということで、そこにいかりをおろして、朝を待った。

　さいわい、舟には、前につった魚が、いくらかまだ食べのこしてあった。それをエサにして、もう一度ハエナワをつかって、新鮮な魚をつりあげて食べ、元気をつけてから上陸することにした。めいめいが板きれなどをもって力をあわせて岸にこぎよせるうちに、舟は岩にあたってこわれてしまい、やがて沈んでしまった。みんな水にとびこんで、岸に泳ぎつく。一四歳の五右衛門が、一番に磯にあがり、長いあいだ青いものにうえていたので、おもわず

無人島からフェアヘイヴンまでの航路

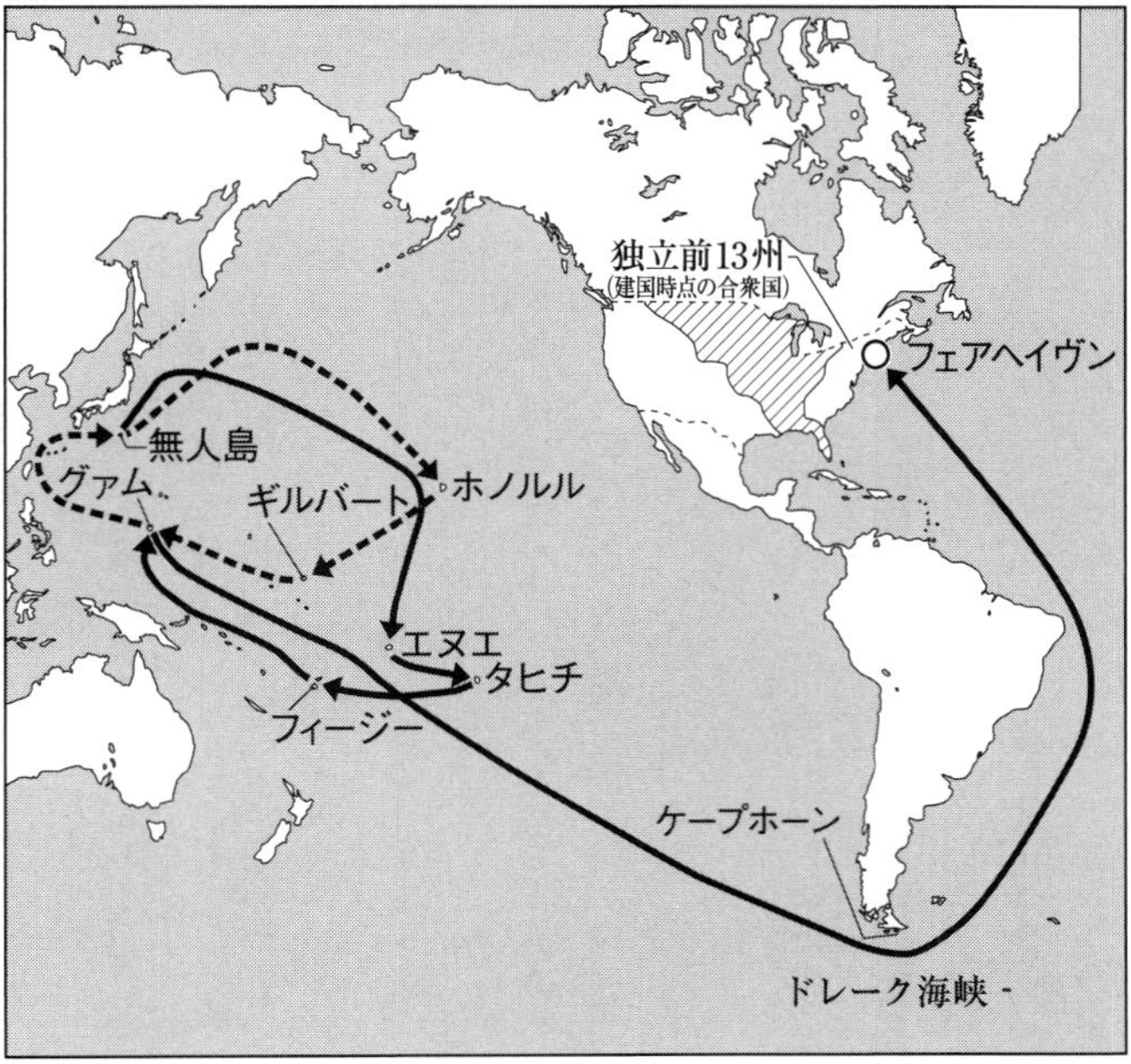

ジョン・ハウランド号に救助されて、無人島からホノルル、ギルバート、グァムを経て再び無人島付近までの航路。

無人島付近から三陸沖を経て、ホノルルに入港できないでエヌエ、タヒチ、フィージー、グァムを経てフェアヘイヴンに至る航路。

万次郎がフェアヘイヴン到着当時の合衆国の諸州。

磯の草をつかんで食べた。

あがって見るまでは夢中だったが、磯に立ってあたりを見まわしてみると、

「どうも、人の住めるような島ではなさそうだ」

というのが、みんなの感想だった。しかし、もう舟はこわれていて、かえる道はない。

水が、まず一番の問題だったが、こわれた舟から桶《おけ》一つだけが磯にうちあげられてきたのをさいわいに、これに雨水を受けてためておいたり、岩をしたたるしずくをとって飲んだりして、なんとかしのいだ。

やがて、大きなほら穴が見つかったので、その岩屋を、五人みんなの共同の家にすることにきめた。そこでいつも五人いっしょに暮らし、寒い時には、五人がまるはだかで背中をあわせて一つになり、みんなのきていた着物をよせ合わせていっしょにかぶって、ただふるえていた。

食べ物は、はじめは、藤九郎を手あたりしだいにつかまえて、うち殺してたべていた。舟の中に火打ち石をおきわすれてきたので、一同は、火をつくることができなかった。（かわいた木をこすり合わせて火をつくる未開時代の技術は、そのころ日本では忘れられていた。）しかし、それでも藤九郎のいるあいだは、この鳥の肉を日にかわかして、たくわえておくことができた。

藤九郎はアホウドリとも呼ばれ、つばさをひろげると、二メートルほどにもなる白い大きい鳥で、のろまなので、つかまえるのもらくだった。だが、春になると、子どもをつれて、この島から群れをなして飛びさってしまった。

舟がこわれる時のさわぎで、重助はけがをしており、それに腹の調子がわるくなり身動きが不自由だった。中年の筆之丞も、食料不足からだんだんに動きがにぶくなって、岩屋の中で弟の重助の看病をするようになった。

二四歳の寅右衛門と、一四歳の五右衛門、万次郎の三人が、食料採集をひきうけて、島の中をかけまわり、磯の海草をあつめたり、カヤの芽などの食べられそうな草をとったり、貝を拾ったりした。とくに万次郎は、機敏なのでおおいに働いたが、かれだけがほかの四人とちがって宇佐の生まれではなく、それにいちばん年もわかいので、みなにバカにされることも多く、それに憤慨して、とってきた食料をほかのものにやらないと言って抗議したこともあった。五人しかいない島の生活では、一人の力が欠けても、困ったことになる。五人の社会は、かれらの生まれてそだった徳川《とくがわ》時代の日本の社会とははっきりとちがう、平等な形にむかってかわっていった。

一四歳の万次郎は、だんだんに、みんなに重んじられるような存在になってゆく。

何かないかと思って島中を歩くうちに、――といっても直径二・五キロほどの島だから全体を見てまわるのにそれほど月日がかかったわけではないが――、山の上に墓石らしいものを見つけた。そこからあまり遠くないところに、井戸のようなもののあとさえあるのだ。

「おれたちと同じように、流れついた人の墓ではないかな」

と、筆之丞は言った。墓石の文字は、よめなかったが、かれには、同じ日本人の漂流者の墓と思えた。自分たちも、同じようにこの見知らぬ島で親兄弟に知られずに死にたえることになるのだろうか。

「ひとおもいに、海に身をなげて死んでしまおうか」と五人の間で、話をする時もあったという。しかし、それでも、どれほどの理由があるわけでもなかったが、「生きていられるだけは、生きてみたい」という意見のほうが勝って、そこに五人の意見はいつも一致した。


無人島に流れついて一四三日たったある日、五人ははじめて、かれら以外の人間に出あった。それは、五人のはじめて見る外国人だった。

すこし別の話にかわるが、私は、言語学者のローマン・ヤコブソンからこんなことを聞いたことがある。ある人類学者が、たった一人で離れ小島にあがって住み、そこの人たちの習慣を研究しようとしたが、数か月たっても、どうしても、そこの人たちに、自分の言葉をわからせることができなかったという。

それは、その島の住民が、流れついた学者を、自分たちと同じ人間だと考えなかったことが原因だった。人間でないものが、どんなふうな音を出そうと、その音の意味を解きあかそうと、まじめに考える人は少ない。

その反対に、相手を同じ人間だと考えるところからは、なんとかして、自分の身にひきくらべて、相手の音や身ぶりの意味を考えてゆくから、おたがいの言葉など全然知らないなりに、言葉は通じてゆくものなのだ。

万次郎たちの場合にかえると、ハウランド号の船員の側にも、土佐の漁師の側にも、相手を同じ人間と見る心があったのがしあわせだった。それは、人間にとってあたりまえのことではない。人類が地上にあらわれて以来、人類はほかの動物とちがって、ちがう土地にそだった人間を、自分たちと同じ人間と考えないで、殺したり、追いはらったりする習慣をつくりだしてきた。このことは、今でも人類にとってもっとも深刻な思想上の問題だと言ってよい。戦争の時にはいろいろの理由をつけて、たたかっている当の相手でない子ども、女、年寄りまでも殺すというやりかたを、今でもつづけている。ドイツ人は、第二次世界大戦の時、四〇〇万人のユダヤ人を、ユダヤ人であるという理由だけのために殺した。万次郎たちの漂流から一〇〇年たったあとの戦争の時代にも、戦闘終了後に、南の島で外国人の一団に出会って、相手にはなしかけるよりは自殺することをえらんだ日本人が多くいた。アメリカ人、イギリス人は人間ではなくて「鬼畜」（オニのような動物）であると戦争中の日本の政府が民衆に教えこんできたことの結果である。

土佐の漁師たちが、とざされた五か月の無人島生活の結果、見知らぬ人をおそれやすい心理におちいっていたとしても不思議ではない。はじめて見る外国人は、鬼にも、悪魔にも、人間以外の動物にも、見えただろう。しかし、やがてかれらも、自分たちと同じ人間だという理解が、五人の間に生まれた。

最初に、食料補給隊の寅右衛門、五右衛門、万次郎の三人が、南の磯で、遠くに船がとおるのを見つけた。

「大きな異国船だ。でも、異国の船でもかまうものか」

と、若い三人は、おたがいに相談して、舟のこわれたあとにのこった板や棒に、これまたすでにぼろぼろになったかれら自身の着物をくりつけて、それを旗のようにしてふりまわし、

「おーい、おーい」

と、声をあわせてよびかけた。

異国船のほうでも気がついたようすで、小さい舟を二そうおろして、島にむかってこいできた（と、万次郎たちは一方的に考えた。しかし、異国船の側から言えば、そうではなくて、ウミ

ガメの卵をさがしに来たものらしい)。そのうちに、異国人のほうも、万次郎たちに気がつき、帽子をふって、あいさつをした(ように、万次郎たちには思えた)。

島の三人はおおいに喜んで、こっち側からも、手をふってよび迎えた。アメリカ人と日本人とでは、まねく身ぶりは反対になるはずだが、そんなこまかいことは関係がない。数百メートルの水をへだてて呼ぶ声と身ぶりは、助けを求めるものと助けようとするものとのおたがいの気持をじゅうぶんに伝えた。

ボートが岸の近くまで来た時、

「ここは、荒磯だから、とても舟をつけることはできない。着物を頭にまきつけて、水の中をおよいで来い」

と、かれらが呼びかけているように思えた。ことばが通じるわけはないが、岩をさしたり、水をさしたり、自分の服をさしたり、およぐ身ぶりをしたりで、そんなことを言っていることがわかった。ことばはわからないが、アメリカ人も日本人も、同じく水夫として暮らしをたててきたのだから経験の内容は同じで、自分のからだですでに知っていることを身ぶりで呼びかけられれば、ことばなど通さなくても、はっきりわかるものなのだ。

万次郎たち三人にとって、ボートの上の白人と黒人とは、見なれない気味わるい風体の人びとだったが、この無人島にこれ以上のこっているのはやりきれないという考えから、むこうの人びとの手まねで教えるとおりに、かれらのボートに向かって泳いでいった。

ボートにつくと、黒人たちは、

「ほかに仲間はもういないのか」

ときくような身ぶりをした。その身ぶりがどういうものだったか、私には想像もつかないのだが、万次郎たちはともかくそういう意味を読みとって、

「洞穴《ほらあな》のほうに、あと二人いる」

という返事を、これもまた身ぶりでつたえた。

そこで、黒人たちは、もう一つのボートで洞穴のあるほうにこいでいった。

いっぽう筆之丞は、この時、洞穴の中にいて弟の看病をしていた。人の気配にふと入口のほうを見ると、「鍋《なべ》の尻《しり》へ目と歯をつけそうろうようの人物」があらわれて、なにか言っているので、びっくりぎょうてんした。黒人は、なにか言いながら筆之丞を洞穴の外にひきだそうとした。

筆之丞は、おそろしくて、黒人の腕をふりほどいて逃げようとしたが、体力がおとろえているので、かなわず、ずるずると洞穴の外までひかれていった。外に出て見ると、ほかに三人の黒人がボートの上から手まねでこれに乗るように言うので、しかたなく、ボートに乗りうつった。

筆之丞をひきだした黒人は、もう一度、洞穴にひきかえしていって、病気の重助をたすけるようにして、ボートにかえってきた。そして、二そうのボートはうちつれて親船にかえり、ここで、五人の漂流者はもう一度いっしょになる。

ハウランド号の航海日誌には、一八四一年六月二七日の項に、こう書いてある。

島には、難儀して疲れはてた五人の人間がいるのを発見。本船に収容。飢えをうったえているほかには、かれらから何も理解することはできない。

しかし、反対に筆之丞たちからの聞き書きをつたえた『東洋漂客談奇《ひょうかくだんき》』（嘉永《かえい》五年、一八五二年）を見ると、はじめからかなりの話が通じたようである。親船にうつってから、五人は服をそれぞれ一着ずつもらい、薬を飲まされてから、

「もう島に残してきたものはないのか」

と、ふたたび手まねでたずねられた。

「着物をおいてきた」

と返事をすると、もう一度、黒人がボートを出して島へひきかえし、洞穴から着物をもってかえってきてくれた。

その間に白人がイモをもってきて、五人に食べるようにと置いていった。五人が、よろこんでそれを食べていると、船長らしいえらそうな男がやってきて、おこった調子でなにか言って、イモを取り上げて奥へもっていってしまった。五人は、恐ろしくなって、しおれていたところ、餅《もち》のようなものをもってきてくれた。それは、あとでわかったが、パンというものだった。

そのパンを食べているうちに、さっきの恐ろしさは、うすらいできた。それにしても、このパンというようなものを少し食べただけでは、腹がふくれることはない。もっと食べたいと思っているうちに、日本でも難船したものを介抱する時には、同じようにはじめにはなるべく少ししか食べさせないように気をつかうことを思い出して、なるほど、さっきの船長のおこりようは、実は親切だったのだなということがわかり、五人とも安心した。

あくる日には、ブタのほし肉をもらった。それでも、大食しないようにと注意をうけた。このブタのほし肉とパンとイモとを食べて、だんだんに元気が出てきた。

おちつくにつれて、船内の事情も少しずつわかって来て、この船がクジラをとる船だということ、「マサツーツ」という国の船で船頭の名は「ウリヨン・フィチセル」というのだということを知ることができた。

「マサツーツ」は、アメリカのマサチューセッツ州、「ウリヨン・フィチセル」は、ウィリアム・ホイットフィールドで、日本語しか知らない耳で英語の発音をきくと、このように聞きとれた。この発音は、日本中の中学校で英語が義務教育の一部として教えられている今日の日本から見ると、変にきこえるが、こんな発音でともかくも、万次郎たち五人は日本人全体に先んじて英語をききわけたり話したりすることができるようになり、その後の数年間、日常生活をこの流儀でおしとおしたのだ。

　日本に帰ってきてから、筆之丞らが日本人に教えた英語の単語表を見ると、

地	ガラオン	氷	アイシ	屁	パア
木	ウーリ	露	ゾウ	血	ブラン
火	サヤ	夜半	メルナイ	尿	シエト
水	ワタ	道	シツルイ	空腹	ハンギレ
暑	ハアン	国	ネション	雇	ハヤ
寒	コヲル	日本	セッパン、チャッパン		
春	シブレン	髪	ハヤ	養	プリナ
夏	シャマ	歯	リイス	葬	セウナル
秋	ヲトム	足	レイギ	好	ライキ

冬　ウィンタ　手　ハアンタ　愛　プロティ
雨　ロエン、ルイン　誠　ヅルウ
風　ウィン　男根　プレカ
雪　シノヲ　陰門　カン

などと書いてあり、こういう発音でも、必要に応じてせいいっぱい使えば、アメリカでの暮らしに不自由はなかったということが、わかる。

注　筆之丞たちの単語のもとのつづりを推定してここに書いてみる。

地	ground	氷	ice	屁	fart
木	tree	露	dew	血	blood
火	fire	夜半	midnight	尿	shit
水	water	道	street	空腹	hungry
暑	hot	国	nation	雇	hire
寒	cold	日本	Japan		
春	spring	髪	hair	養	bring up
夏	summer	歯	teeth	葬	funeral

秋	autumn	足	leg	好	like
冬	winter	手	hand	愛	pretty
雨	rain			誠	true
風	wind	男根	prick		
雪	snow	陰門	cunt		

　太平洋を航海している半年ほどのあいだ、ホイットフィールド船長は、ときどき、五人を呼んで、地図を見せて、日本のあたりをさして、

「きみたちは、どのへんから来たのか。このへんではないか」

などときいた。しかし、五人は地図などあまり見たことがない。土佐をこえた日本全体とか、日本をかこむ世界全体などという地図が頭にはいっていないので、それを見てもなんのことか、わからなかった。

「きみたちは、神さまとか、仏さまをこんなふうにして拝むのではないか。」

　ホイットフィールド船長は、そう言って、両手をあわせて仏を拝む、かれが想像している日本風の拝み方をしてみた。

「そうです。そのとおり」

と、筆之丞たちはこたえて、自分たちもそのまねをした。だが、それでも、おたがいに何がそれでわかったのか、あまり自信はもてなかった。身ぶりは、便利なようでいて、やはり不便なものだ。自分の生活上の必要は相手につたえることができるのだが、抽象的な知識をつたえる段になると、身ぶりではむずかしい。

　ホイットフィールド船長は、五人が日本人ではないかと思いながらも、よくわからないまま、半年ほど、かれらをつれて太平洋上を走りまわっていた。その間に、かれらは船の仕事に役にたつようになり、けっして徒食しているわけではなかった。ことに万次郎は、自分からすすんでマストにのぼって見張りの役をしたり、若さにものを言わせて仕事に必要なことばをどんどん覚えてゆくので、自然に、漂流五人組と船長との間の通訳の役を果たすようになった。

　同じ年の一二月、ジョン・ハウランド号は、ハワイ王国オアフ島のホノルルに着いた。着くとすぐ船長は、かれの友人でジャッドという宣教師兼医者のところに五人をつれていった。

　ドクター・ジャッド（筆之丞の覚えたとおりではタフタ・リョーチ）は、かれの自慢のコレクションの中から、壱朱銀《いっしゅぎん》弐拾切《にじゅうきれ》、弐朱判《にしゅばん》一片《きれ》、一文銭《いちもんせん》など日本のそのころのお金をいろいろ出してきて、それに日本人がそのころつかっていたキセルも出して見せて、

「これは、あなたの国のものではないのか」

と、たずねた。

一同は、そうだ、そうだとうなずいて、キセルでタバコを吸う手まねなどして見せたので、ここではじめて、ホイットフィールド船長は、五人の漂流者が日本人であることをはっきりと確かめることができた。

そのころハワイは、まだアメリカ領ではなく、カメハメハ三世のおさめる立憲君主制の国だった。

ホイットフィールド船長は次に、ハワイ王国の役人のところに五人をつれてゆき、日本人の漂流者だといって、かれらを紹介した。

やがてハワイ王国の政府は、五人のために小さい草ぶきの小屋をくれた。筆之丞たちは、ここに暮らしているうちに、この国はなかなか住みよいところだとわかってきた。かれらが漂流中あれほど苦しんだ寒さというものが、まったくなく、一年中あたたかい。イモなどを植えても、こやしをやらないでどんどん自然に育つのだから、心配がない。寅右衛門などは、ここがすっかり気に入って、日本に帰るのをやめて住みついてしまった。

無人島にいたころから病気がちだった重助は、一八四六年一月、ハワイで死んだ。二八歳だった。

寅右衛門は大工の弟子となり、筆之丞、五右衛門は土地をいくらか分けてもらって百姓と

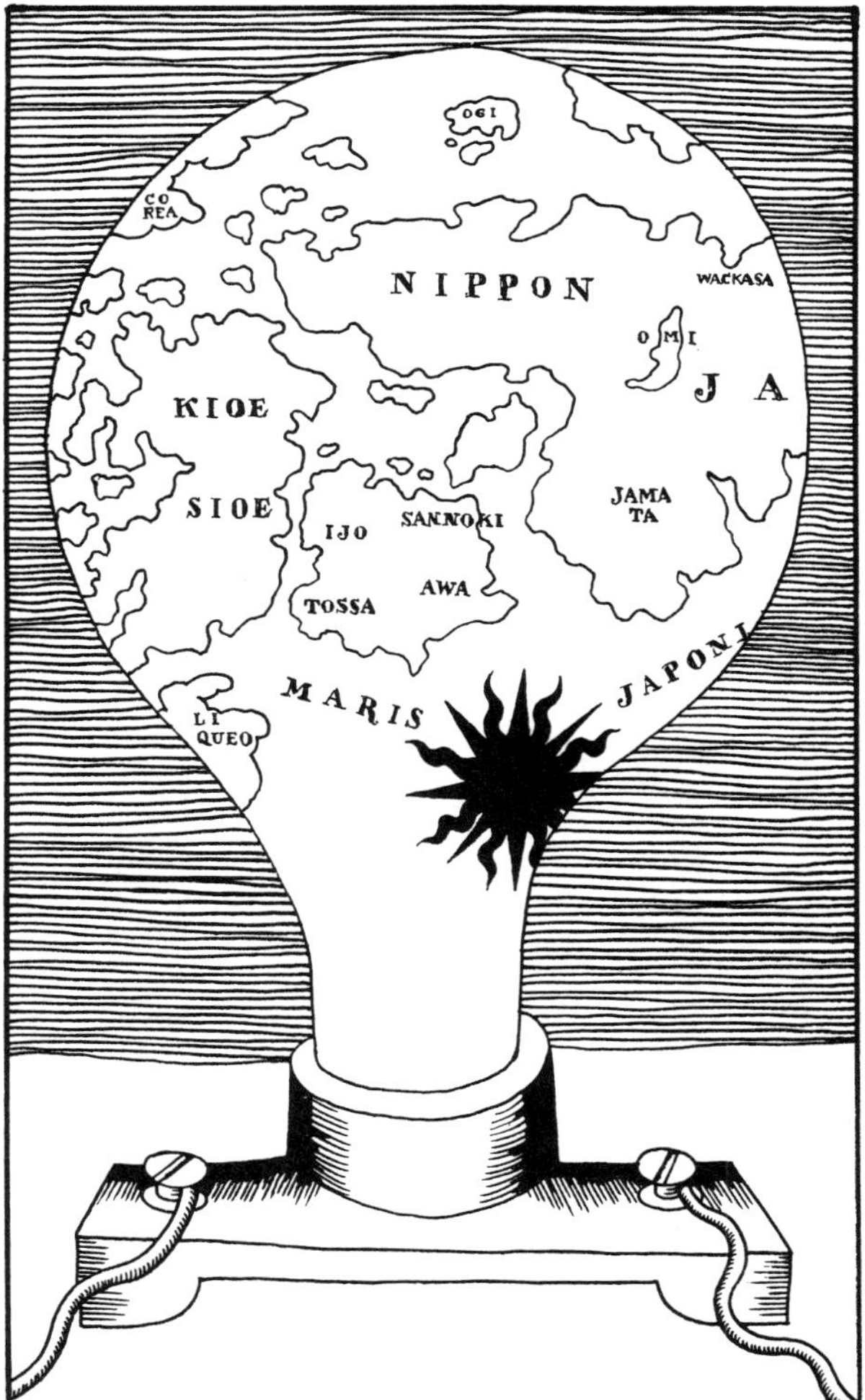
OGI
CO REA
NIPPON
WACKASA
OMI
JA
KIOE
SIOE
JAMA TA
IJO
SANNOKI
TOSSA
AWA
MARIS
JAPONI
LI QUEO

漁師をかねて、それぞれ自活するようになった。

　筆之丞は、フデノジョウという名まえを、ハワイの人たちが、デンジョウと呼ぶので、それにあわせて、自分の名を「伝蔵《でんぞう》」とあらためた。それだけ、ハワイ風の暮らしになじんだのであろう。それでも、ホイットフィールド船長のすすめをうけいれて、その友人が船長となっている捕鯨船フロリダ号にのりこみ、一八四七年四月には、北海道におろしてもらうことにした。

　しかし、外国船が近づくと、日本人ははじめはかがり火をたいて岸べを守るようなようすだったが、いよいよ船がつくと、みな逃げてしまって人ひとり見えない。筆之丞（今は伝蔵）兄弟は、ついてきたコックス船長といっしょに浜を見てまわった。二軒ほど家があっても、そこには人の姿はない。

「でも、せっかくここまで来たのだから、ここに二人でのこっています」

と二人がいうが、

「人もいないところに、きみたちを置いてゆくのは気がかりだ。これから先になって、もっといい折もあるだろうから、今はあきらめてひとまず船にもどろう」

というコックス船長のことばにしたがって、二人はフロリダ号にもどり、再びオアフ島に帰ってきた。

万次郎は、ホイットフィールド船長につれられて、ハワイ王国からアメリカにわたった。五人組の中で万次郎だけが宇佐出身ではないので、単独行動がとりやすかったということもあっただろう。捕鯨船に救われてから、万次郎の機敏な働きに目をとめたホイットフィールド船長は、この少年が勉強する機会をつくりたいと思った。

ウィリアム・H・ホイットフィールド（一八〇四―八六）は、アメリカ東北部のマサチューセッツ州に生まれた。夫人が一八三七年になくなったので、漂流者をひきとったころは、ひとりものだった。かれは、故郷にかえってから、二度目の妻をもらい、やがて子どもができた。もらったばかりの妻と生まれたばかりの子どもを万次郎とともに故郷にのこして、ホイットフィールド船長は、また長い航海に出てゆく。

その信頼が、万次郎にとって、かれが新しく自分をその上にきずく基礎となったものだった。さらに二〇年すぎた一八六〇年に、ひさしぶりに万次郎が、日本からこの船長に送った手紙に、

船長。あなたは、むすこさんたちを捕鯨業に送ってはいけません。むすこさんたちを

どうぞ、日本に送ってきてください。もしよろしければ、私がむすこさんの（むすこさんたち、かもしれませんが）お世話をします。むすこさんを送り出す前に、私に知らせてさえくだされば、お迎えする準備をしておきます

と、いう一節があるが、鎖国をといた日本から万次郎の送った第一信は、少年のころにホイットフィールド船長が示した信頼にこたえようとするかれの志を物語っている。それこそ、少年の日に万次郎の中に生まれ、かれが日本に帰って幕府の旗本にとりたてられてからも、明治維新以後に開成《かいせい》学校（のちの東大）教授になってからも、かわらずかれの中に生きつづけたものだ。

もともと、万次郎は、親孝行な子どもであったらしい。

万次郎は、一八二七年一月二三日、土佐の中ノ浜で生まれた。八歳の時に父がなくなり、万次郎は、母、兄一人、姉二人、妹一人の家計のおもな働き手の一人として、たよりにされるようになった。兄の時蔵は、からだが弱くてあまり仕事ができなかった。万次郎は、一〇歳のころから、よその漁師のところで仕事をもらい、一四歳になってから、宇佐にいって、徳右衛門という人の持ち舟にのることになった。

自分の育った家の人びとへの愛着は、最後には万次郎が、日本語を忘れてからでさえ、や

はり日本に帰ろうときめた原因となった。しかし、無人島に行くまでの月日にかれの中でもっとも強いものだった肉親への愛は、無人島での五人の全力をつくしての助け合いの時代、異国の捕鯨船にひろわれてからの勉強と労働の時代を経て、いくらか性格のかわったものとなった。

それはポーランド生まれの船員作家ジョーゼフ・コンラッド（一八五七—一九二四）が『勝利』、『偶然』、『青春』などの小説に描いたような、国家とか法律とか身分の上下をこえて、自然の力に対抗しておたがいを守る努力をつづける海の男どうしの信義の世界である。二〇世紀後半の現代では、テレビや電話の発達で、船もまた国家の支配の下に、しっかりと置かれるようになったが、コンラッドや万次郎が船員として活動した一九世紀までは、人はいったん船にのって海上に出たならば、陸地にいた時のように国家の法律などを受けつけない別の世界がそこに現われたのだ。自然にたいして、人間が協同せざるを得ない、海のインタナショナリズムとも言うべき考え方がそこにそだつ。一四歳の万次郎をとらえたのは、その新しい思想だった。

一八四三年五月七日、万次郎は、ホイットフィールド船長にともなわれて、マサチューセッツ州フェアヘイヴンについた。万次郎はこの町で、はじめはジェームズ・エイキンという元ハウランド号三等航海士の家に下宿し、ホイットフィールド船長が新しい妻といっしょになってからはホイットフィールド家に下宿して、働きながら勉強することになった。

最初にはいった学校は、オックスフォード・スクールという名まえの小さい塾で、そこで子どもたちといっしょに英語と習字と算数をならった。当時のアメリカ人の普通に受ける小学校教育を万次郎は受けたわけである。

そのころの日本では、土佐の漁村の子どもが読み書きを習うことなどなかったから、万次郎は、この時はじめて正式に文字をおそわったことになる。かれのならった最初の言語は、英語だったと言ってよい。一六歳の時のことだった。

あくる年、一八四四年には、バートレット・アカデミーという学校にはいる。このフェアヘイヴンの町は捕鯨の中心地ニュー・ベッドフォード港とほとんど地つづきなので、船員の教養に必要な課目を中心とする中等教育をここでうけもっていた。航海術、測量術、さらにそれらをまなぶために必要な高等数学を万次郎は、二年五か月かかってここで学んだ。

この学校で万次郎の友人だったジェイコブ・トリップは、のちに市の教育委員になった人だが、

「万次郎はかれのクラスの最も頭のよいメンバーであり、勉強に首までどっぷりつかっていたといっていいほどで、その身ごなしはつつしみぶかくて静かでいつもやさしく礼儀ただし

かった」

と回想を述べている。思い出の中で理想化されているところがあるかもしれない。しかし、それはこの教育委員だけのことではない。フェアヘイヴンの町に住む人びとにとって、畑仕事の手つだいをしながら勉強にうちこんでいる日本の少年は、共通の伝説となった。

同じ町にウォレン・デラノという船主が住んでいた。この人は、ホイットフィールド船長のジョン・ハウランド号の所有者の一人でもあり、自分の持ち船が鎖国中の日本から少年をつれてきたことに関心をもった。家にも招いたことがあるし、教会でいっしょの席にすわったこともあるという。

この家では、代々、万次郎のことが、この家の伝説の一部として語りつたえられた。ウォレン・デラノの孫にあたるフランクリン・デラノ・ローズヴェルト（一八八二—一九四五）は、母方の祖父の家にあそびに行くごとに、この万次郎の話をきいて育った。

マンジローがこの教会にかよっていた。
マンジローがこの学校にかよっていた。
マンジローが道のむこうのトリップさんの家にしばらく下宿していた。
マンジローがおじいさんのこの家にも来たことがある。

こんなことを幼いころから、際限もなく聞かされているうちに、ローズヴェルトにとってマンジローという名まえは、見なれた建物や家具にやどる妖精のようになつかしい名まえとなった。

後年、フランクリン・デラノ・ローズヴェルトがアメリカの大統領になってから、万次郎の伝記『運命への航海』を準備中のエミリー・V・ウォリナー女史に、かれはこう語った。「万次郎は、私の少年時代の夢だった。一平民が王子になった物語の実例であるように、少年のころの私には思えた。」

もちろんそれは、アメリカが日本との戦争にはいる前のことだが、ローズヴェルトは、大統領官邸からわざわざ万次郎の長男にあたる中浜東一郎《とういちろう》博士に手紙を書いて、子孫から子孫へのあいさつを送っている。このあたりは、かつて日米国交樹立後に、万次郎がホイットフィールドに送った国家の障壁をこえる善意の表明とひびきあうものをもっている。

「中浜という名まえは、私の家族の間ではいつまでも記憶されるでしょう。それから、もしあなたか、あなたのご家族のだれかがアメリカに来られることがありましたら、私たちに会いにきてほしいと思います。」（一九三三年六月八日、白堊館《はくあかん》にて。フランクリン・ローズヴェルトから中浜東一郎へ）

この手紙が来るより一〇年も前のこと、まだフランクリン・デラノ・ローズヴェルトが大統領になどなっていない一九二四年一二月二日に中浜東一郎は、ホイットフィールド船長の子孫に会うためにマサチューセッツ州のフェアヘイヴンを訪れた。当時の日本にとって万次郎はすでに忘れられた名まえだったが、このフェアヘイヴンの人びとにとっては、そうではなかった。万次郎の子孫に会うためにあつまった人びとの中には、地元の新聞の婦人記者がいて、中浜東一郎にこんな質問をしたという。

「あなたのおとうさんは、日本ではプリンス（公爵、王子のいずれの意味か不明）の位を授けられたそうですが、ほんとうでしょうか？」

「そんなことはありません」

と、東一郎が答えると、婦人記者はいぶかしげな面持ちで、

「でも、万次郎氏は、日本の開化のために無上の功績のあった人なのですから、日本政府はかれをプリンスにするのが、当然ではないのでしょうか」

と言ったそうだ。このことは、中浜東一郎の書いた『中浜万次郎伝』（一九三六年）に記されている。

この時、フェアヘイヴンの地元の新聞記者が、万次郎をさして「プリンス」と言ったことはおもしろい。同じフェアヘイヴンで子どものころを過ごしたフランクリン・デラノ・ロー

ズヴェルトが、万次郎をさして「平民がプリンスとなった物語」と言ったことと考えあわせて、この小さな町ではプリンスとなった万次郎の伝説が語り伝えられていたのだろう。

実際には万次郎は、その後の日本歴史の中でプリンス（王子または公爵）になったりはしなかった。かれが重要な人物であるとするならば、それは、プリンスとなった人びとが重要だというのといくらかちがった意味においてである。

万次郎たちが日本に帰ってから口述した記録『東洋漂客談奇』（一八五二年）の付録となった英語単語表からぬきがきしてみると、万次郎たちが、かなり奇妙ななまりで英語を話していただろうということが推定できる。

犬をドウキョ、ねこをキャア、歯をリイスなどというのは、ずいぶんへんな発音だと思うが、そういう発音をとおして、万次郎は相当のことを、アメリカ人につたえることに成功していたのだ。

万次郎が航海中のホイットフィールド船長に書きおくった手紙は、その単語が実際の万次郎によってどれほどかけはなれた発音をされていたとしても、みごとな文体をもっている。

万次郎が一八四六年にフェアヘイヴンのホイットフィールド家に別れをつげてふたたび捕鯨船にのりこんでから、かれよりも先に出かけて別の捕鯨船を指揮して航海中のホイットフイールド船長にあてた手紙からひこう。

グァムにて、一八四七年三月一二日。

敬愛する友よ。

私はペンを取りあげて短い手紙を書き、私が元気でいることとあなたもそうであるように望んでいることをお知らせしたいと思います。まずはじめに、私が出かけたころのお宅のことをお話しします。さて、あなたのむすこさんのウィリアムは、寒い天候の訪れるまでの夏のあいだじゅう元気でした。かれは、私がこれまで見たことのないほどに賢いです。私が見えないと、ちょうどかれがお母さんにたいするのと同じように、すぐに泣いて追いかけます。

Guam, March 12, 1847

Respected Friend:

I take the pen to write you a few lines and let you know that I am well and hope you are the same. First thing I will tell you about the home the time I left. Well, Sir. your boy William is well all summer until the cold weather sets in. He is smart creature I never saw before. He will cry after me just as quick as he would to his mother.

今の日本の中学校の教師なら、この文章の中に、いくつもの文法上の誤りを見いだして直すことができるだろう。今のよくできる中学三年生ならば、これらの誤りをおかさずに、おなじ内容を和文から英文に訳すこともできるだろう。しかし、このもとの文章を書くことは、むずかしい。さらにこの文章のそのまた元になった体験をもつことは、もっとむずかしい。文法上の誤りを含んだなりに、万次郎の文章は、堂々としている。

……昨年の夏、私たちはリンゴ約五〇ブッシェル（一ブッシェルは約三〇リットル）、バレイショ一一五ブッシェル、ほし草八トンから九トンの収穫がありました。そしてほし草のほうは、三トンから四トンくらい売りに出しました。それから飲みほうだいの牛乳もありました。あなたもあの牛乳のいくぶんかでも飲めたらと、私は思います。

……Last summer we have got in about 50 bushels of apples, 115 bushels of potatoes and 8 or 9 tons of hay and have sold between 3 or 4 tons of hay, and we have plenty of milk to drink. I wish you had some of that milk.

ここには、数量について正確な記憶を保つ万次郎の側面があらわれている。事務的なかわいた報告ではなくて、その結びに、「あのミルクをいくらかでもあなたが飲めたらな」というような人間的な感想をくわえているところがおもしろい。このあたりは、雇い主と作男というような関係ではない。やはり、長期にわたって遠洋航海に出たことのある海の男どうしの思いやりと言えるだろう。

あなたの奥さんは、注意深く、勤勉で、尊敬すべき、良い婦人です。私は、あなたがよい奥さんをもたれたことを、うれしく思います。あなたが私のことを忘れないでほしいと思います。というのは、私はあなたのことを思い出さない日がないからです。あなたは私にとって、偉大な神様を別にすれば、地上で最高の友人です。神様が私たちすべてを祝福してくださるように、せつに祈ります。

Your wife is careful and industrious, respectful and good woman. I am glad you have a good wife. I hope you will never forget me, for I have thought about you day after day ; you are my best friend on the earth, besides the great God. I do hope the Lord bless us

whole.

神は、人間にとっての友人の理想であり、その理想にてらして、万次郎にとって最良の友人はホイットフィールド船長だった。人間にとってもっともたいせつな関係は、友人としてのそれだという万次郎の思想が、ここに、紛れようもなくはっきりと表われている。ここには、漂流の思想の一つの明白な結実が示されている。

おお、私の友よ、私は少しばかりではなくいっぱい、あの男の子（船長の子）に会いたいです。あの子は、私が今までに会ったことのないような、賢くて、かわいらしい子です。お家にお帰りになったら、お家の皆さんによろしくお伝えください。私たちは、今月の一六日で、出帆してから一〇か月になります。このあとで私たちは北西にゆき、日本の琉球《りゆうきゆう》島にむかいます。そして安全に上陸する機会を見つけたいと望んでいます。私は、捕鯨業者がそこに来て補給をうけられるように港を開くために力をつくしたいと思います。

Oh my friend I want to see that Boy more than little, he is cunning little thing I never saw before. When you get home give my best respect to whole. We were 10 months out 16th of this mo. After this we shall go N. and westward toward the Loochoo Island Japan and I hope to get a chance to go ashore safely. I will try to open a port for purpose for the whaler to come there to recruit.

命の恩人で、保護者であり、主人であった人にむかって、「おお、私の友よ」と呼びかける万次郎の態度は、かれ自身のもので、そこには、世話になったアメリカ人への卑屈さがない。

すでに無人島時代に、かれは、宇佐出身の四人から軽んじられていることに腹を立てて、集めてきた食料をもう渡さないと言って、改めさせたことがあった。同じようなことが、アメリカに行ってからも起きる。

一八五〇年の秋、万次郎は、日本に帰ろうとしてホノルルでアメリカ船にのりこむが、そこで、はじめにたるやおけのこわれたのを直したりしたのがいけなかった。船長がつぎつぎにおけを持ってきて、これも直せ、あれも直せという。

万次郎は、もともとフェアヘイヴンにいたころ、おけ屋の職人のところに住みこんで仕事をおぼえたくらいだから、おけを直すことはうまかった。しかし、アメリカ人にはアジア人を低く見て、自分には命令する資格があるような顔をしてものを言う人があるが、この船長もそうだったのが許せなかった。せっかく、この船長から日本まで送ってくれるという約束を取りつけたところだったが、この申し出は断わって、さっさと船を降りてしまった。

相当に自分自身に損になるようなこの行動は、恩人のホイットフィールド船長に「おお友よ」と呼びかけた万次郎にふさわしい。万次郎が無人島とアメリカで学んだのは、人間の対等性ということだった。ホイットフィールドは、万次郎が白人にたいして卑屈にならなくてよいという信念をもつ上で、たいせつな役割をつとめた。

万次郎をフェアヘイヴンにつれてきた時、ホイットフィールドは、かれを自分の所属している教会につれていった。万次郎を、その教会の日曜学校にかよわせるためである。ところがその教会は、有色人種の少年を白人の子といっしょに教育するわけにはゆかぬと断わった。するとホイットフィールドは、すぐさまこの教会に行くのをやめてしまった。

そして、万次郎を迎えることに同意したユニテリアン派の教会に新しく入会して、次の週から万次郎をつれて通いはじめた。そこで万次郎は、デラノ家の人びととといっしょにすわって説教をきくことになり、デラノ家を通して、フランクリン・デラノ・ローズヴェルト大統領の頭の中にまで万次郎の伝説がしみわたることになったのだ。

神を偉大な友だちと考える万次郎の信仰は、このようにしてつくられた。万次郎はアメリカにいたころ教会に通っていたし、みずからジョン・マン（John Mung）と署名したりっぱな聖書をもっていたが、それは日本にむけて出発する時にホイットフィールド船長に贈っていった。日本にもどって、琉球、鹿児島を経て、長崎で奉行の取り調べをうけた時、かれは奉行の要求するとおりキリストの像を踏み、キリスト教徒ではないと言って、この関門を通りぬけた。この男はキリシタン宗になれというすすめをうけたこともなく、疑わしいことはないという証明を長崎奉行からもらって故郷の土佐に帰ってくる。この時、万次郎は、一つのうそをついたと言ってよい。ユニテリアン派のキリスト教から万次郎の学んだものは、友だちをたいせつにすべきだということ、人間はみな友だちになるべきだという信念だった。こだわらずにキリストの像を踏んだとは言え、世界じゅうの人間と対等の友だちとしてつきあってゆく志は、日本に帰ったあとも、万次郎の中に生きつづけた。

ホイットフィールドあての手紙の中で、万次郎は、捕鯨船の補給根拠地をあたえるために日本に開国をすすめたいという、かれ自身の政見を述べた。これは、友人のつきあいがたいせつだという価値観とともに、万次郎の政治思想の重要な部分をなしている。

コンラッドと同じく一九世紀の偉大な海の作家ハーマン・メルヴィル（一八一九―九一）は、捕鯨業が、やがて日本開国をもたらすだろうという見とおしを述べた。メルヴィルの長編小説『モービー・ディック、あるいは白鯨』（一八五一年）は、マサチューセッツ州ニュー・ベッドフォード港のあたりで語りつたえられた大クジラの話を種にした物語であり、この小説に描かれた捕鯨船員の群像は、万次郎のともに暮らした仲間の肖像であると言ってよい。万次郎がはじめてアメリカの土を踏んだのは、このニュー・ベッドフォードであり、その後暮らしたのもこの港と地つづきの町だった。メルヴィルと万次郎は、捕鯨業者として、同じ一つの世界への夢を育てていたと言える。捕鯨船が、故郷をはなれて二、三年もたち、新鮮な野菜の補給もなしに北海道から琉球までの日本列島の沖合いを走っている時に、この日本という国が、われわれにとって開かれていたなら、という思いは、メルヴィルや万次郎ならずとも、ほとんどの水夫がもったであろう。万次郎に社会思想があるとすれば、それは捕鯨という職業そのものから育った、国籍をこえて人間どうしが助け合うという思想だった。

一八四六年五月一六日、一九歳の万次郎はホイットフィールド家から離れて、フランクリン号という捕鯨船に乗りこむ。その時に、すでに別の船で航海中だったホイットフィールド船長にあてた手紙が、前に（四二ページ）引いたものである。

フランクリン号の船長は、アイラ・デイヴィスと言って、もとはホイットフィールド船長のジョン・ハウランド号の乗組員だった人である。そのゆかりで、デイヴィスは、万次郎を、捕鯨船にさそったのだ。このデイヴィス船長は、二年ほどたつうちに、気が狂ってきて、刀や鉄砲で船員をおどかしたりするようになった。そこで、フィリッピンのマニラで降りてもらうことにし、そこからアメリカ領事館をとおして本国への送還をたのんだ。さて、船長なしの航海をつづけるわけにもゆかないので、投票で船長を選んだ結果、一等航海士のエイキンと万次郎とは、同点だった。そこで、一同が相談した上で、年長のエイキンを船長とし、万次郎を副船長、一等航海士とした。この時、万次郎は二一歳である。この若さで、外国人のかれが指導者に選ばれるのだから、いかに平生から仲間に信頼されていたかがわかる。

一八四九年八月末、万次郎は、フランクリン号とともにニュー・ベッドフォードに帰ってくる。三年四か月の航海でとったクジラは五〇〇、万次郎の得た分配金は三五〇ドルだった。ひさしぶりでフェアヘイヴンのホイットフィールド家を訪れると、船長は一足さきに帰っていて、夫妻ともども喜んで万次郎を迎えてくれたが、万次郎の大好きなヘンリーは留守中に二歳二か月でなくなっていて会えなかった。

こんどの航海で万次郎の得た三五〇ドルというのは、かなりの大金である。万次郎は、アメリカの社会でゆとりをもって暮らしてゆけるだけの力を身につけたと言ってよい。しかし、アメリカに残って豊かに暮らすことは、万次郎の人生の目的とならなかった。かれは自分で金をためて、自分だけでなく自分のかつての無人島仲間全員といっしょに日本に帰る道を見つけようとした。

そのころ、アメリカの西海岸に金鉱が見つかって、ゴールド・ラッシュが起こる。これを伝え聞いた万次郎は、一八四九年一〇月にフェアヘイヴンをたち、船で働きながら、一八五〇年五月末にカリフォルニア州に達する。そしてフェアヘイヴンから同行したテレという友人とともに、サクラメントの先の山の中にはいって、はじめは飯場《はんば》に一泊銀一枚という法外な宿料をはらいながら、一か月働いて二人合わせて金一八〇枚をかせいだ。その金を元手にして、道具類を買ってこんどは自前の根拠地をつくって四〇日あまり働いたところ、万次郎一人の取り分が銀六〇〇ドルと銀塊数個となった。全部を一日わりにして見ると、このカリフォルニア旅行の四か月で、一日の純益八ドルずつをかせいだことになった。ここで道具を友人のテレにわたして、万次郎は、八月初めに山を降りた。このあたりの決断はいかにも万次郎にふさわしい。

金をもうけようと思って金山にはいり、もうかり始めたら、とめどもなくそこに居つづける誘惑があるものだろう。そこにはバクチ場があって、もうけた金をさらにふやそうとして、失ってしまう者も多かった。勝ったものは勝ったもので、恨みを買って鉄砲でうち殺されることさえあったという。万次郎は金をもうけつづけようという誘惑に屈しない。あくまでも、はじめの計画にしたがって金もうけという冒険を実行し、もう一つの重大な冒険に必要なだけの金がたまると、さっさと帰ってしまう。

一八五〇年八月なかば、万次郎は、サンフランシスコ発のエリシア号という客船に、旅費二五ドルを払って、おそらく生まれてはじめてお客となって乗り込み、一八日間の航海をへて、八月末にハワイに達した。

すぐに寅右衛門をたずね、すこし離れたところに暮らしている筆之丞・五右衛門兄弟に使者を出す。それからかつての無人島生き残り組の全体会議が再開されたが、寅右衛門はハワイの暮らしが気にいったと言って、帰りたがらない。ほかの三人だけで帰ることに話しが決まった。

万次郎は、もっていたお金を出して、捕鯨ボート一そう、羅針盤、四分儀《しぶんぎ》などを買うことを提案した。これだけの準備をしておけば、親船から降りてから前のような事故がまた起こったとしても、同じような漂流をすることもなくてすむだろう。

この計画を聞いた地元のデーマン牧師は「日本人との一時間」（フレンド紙、一八五〇年一一月一日号）、「日本への遠征」（ポリネシア紙、一八五〇年一二月一四日号）を書いて、この日本人の計画を助けることをひろく市民に呼びかけた。集まってきた資金で旅行の準備はさらに充分なものとなった。

歴史では大きく扱われていないが、この万次郎たちの帰国計画は、ペリーの浦賀《うらが》渡航（一八五三年七月八日）よりも三年も前に実行されたことなのである。この帰国を助けるという事業は、ペリーの日本訪問のようにアメリカ政府の資金によってなされたものでなく、ハワイ在住の市民によってなされたものであり、その必要資金の大部分は万次郎自身が自分の働きでかせいだものなのである。ペリーの遠征が公人によってなされた公的事業であるとすれば、万次郎たちの「遠征」（expedition、デーマン牧師の言葉）は私人による私的事業であり、その歴史的意味は、ペリーに劣るものとは言えない。

万次郎たちは、捕鯨ボートを手に入れることができた。ねだんは、一二五ドル。それに「冒険号」（the Adventure）と名づけ、その名をボートのへさきにペンキで書いた。

この専用の捕鯨ボートをサラボイド号にのせて、万次郎、筆之丞、五右衛門の三人は、ホノルルを出発した。一八五〇年一二月一七日のことである。

出かける前に、万次郎は、ホイットフィールド船長あてに、次のような手紙を残している。

　小さい少年のころから青年になるまで私を育ててくださったあなたの慈愛を、私はけっして忘れません。私は今まで、ご親切にこたえることを何もしたことがありません。私は今、伝蔵（筆之丞）と五右衛門といっしょに、生まれ故郷に帰ろうとしています。私のこの恩知らずのおこないは許さるべきことではありません。しかし、この変わりゆく世界からなにか善いことが起こるであろうこと、そして私たちがまた会うことができるであろうことを、私は信じます。私がお宅に残してきたお金と衣類は有用な目的のために使ってください。私の書物と文房具類は、私の友だちにわけてください。

ジョン・マン

I never forget your benevolence to bring me up from a small boy to manhood. I have done nothing for your kindness till now. Now I am going to return with Denzo and Goemon to native country. My wrong doing is not to be excused but I believe good will come out of this changing world, and that we will meet again. The gold and silver I left and also my clothing please use for useful purposes. My books and stationery please divide among my friends.

John Mung

船が琉球まで来た時、万次郎は、ハワイに残った寅右衛門に手紙を書き、自分たちと同じしかたで日本に帰ることをすすめる。この手紙をサラボイド号のホイットモア船長に託して、万次郎は、筆之丞、五右衛門とともに「冒険号」に乗りうつる。親船は西北の方角に走り去った。万次郎たちはオールをこいで沖縄本島の南端、摩文仁《まぶに》の沖に達し、夜のあけるのを待って、上陸した。一八五一年二月三日のことである。

島の人たちは快く迎えてくれたが、役人の手にわたってから、出入国の禁を犯したという罪に問われて琉球、薩摩《さつま》、長崎で合計一年半にわたる取り調べをうけた。牢獄《ろうごく》の生活も八か月に及んだ。そのあげく、ボートはもちろんのこと、万次郎が母親のためにと思って買いととのえたみやげものなどは、すべて政府に取りあげられ、万次郎たちは一八五二年八月二五日になってようやく土佐に帰ることができた。宇佐の港を出てから一一年ぶりのことである。それぞれの家のゆかりの寺に、自分のお墓がたっていた。

万次郎の母、汐《しお》はこの時五九歳。彼女は一八七九年、八六歳になるまで元気でいた。


なぜ万次郎は、日本に帰ってきたのか。

ことばのよく通じない外国にとどまることの不安からというのは、万次郎の場合にはあてはまらない。アメリカ滞在のあいだにかれはすっかり日本語を忘れてしまい、フランクリン号で航海中に仙台《せんだい》の日本人と小舟どうしで海上で出会った時にも、ビスケットを相手にわたして、そのお礼に魚をもらうのが精いっぱいで、ほとんど何も話などできなかった。

一八六〇年五月二日のホイットフィールドあての手紙に書いているように、母親に会いたかったということは、たしかだ。

（ホイットフィールド）船長は私に船にとどまって中国までいっしょに行くようにと言いましたが、私はその申し出を断わりました。私は母に会いたかったからです。

万次郎には、国家とか政府とかいう考え方はほとんどなく、国民の義務として日本に帰るべきだなどという主張は見られない。母に会いたいということ、苦労をともにして来た土佐の仲間の漁師とともに故郷に帰りたいということが、彼の帰国の動機だ。万次郎が「くに」(country) という時、それは、日本の国家とか政府をさすものでなく、故郷でともに暮らした人びとをさすものと言える。万次郎にとって漂流は偶然のできごとであるが、帰国は長い年月をかけて準備した上で入牢を覚悟しておこなわれた意志的行動である。その行動をささえた思想は、愛郷心だと言えると思う。

万次郎は、このころの日本人としてただ一人、捕鯨船にのって世界一周したという経験をもっている。海の立場から、世界全体を見ることができた。愛郷心をもってはいるが、同時に、世界のさまざまなところにおなじような愛郷心をもつ人びとが住んでおり、その人たちと親しくしてゆけるという実感をもっていた。この点で、ヨーロッパと北アメリカの陸上の文化をおもに見に行った幕末の留学生、明治の留学生と万次郎とでは、体験の質がちがう。

伊藤博文《いとうひろぶみ》、井上馨《いのうえかおる》、森有礼《もりありのり》、井上勝《いのうえまさる》、渋沢栄一《しぶさわえいいち》らは、ヨーロッパやアメリカにわたって、国家内の制度をならった。明治維新後の、大山巌《おおやまいわお》、金子堅太郎《かねこけんたろう》、山本権兵衛《やまもとごんのひょうえ》、東郷平八郎《とうごうへいはちろう》にしてもそうである。新島襄《にいじまじょう》や福沢諭吉《ふくざわゆきち》の場合、国家内部のことにだけ目をむけたということはないが、それでも陸上のことをおもに見たという点では万次郎とちがう。これらの人びとは、日本に、法律、銀行、陸軍、海軍、鉄道、新聞、学校などをもたらした。

万次郎は、地位こそ幕府直参となり、海軍教授所教授となり、また明治維新後は開成学校（のちの東大）教授となったが、通訳と翻訳の仕事以外には用いられることがなかった。少年時代から青年時代にかけて、異国人の間にあってのかれのめざましい活動を思い合わせるならば、これは、徳川幕府と明治政府とは万次郎の見識と能力とを生かすことなく終わったということではないだろうか。

万次郎の漂流そのものが、日本国家の歴史からはみ出すできごとだったが、帰国後の万次郎の生涯も、明治維新前と維新以後とを問わず、日本の国家の制度から見れば、はみ出した一人の人間の生涯であった。万次郎が漂流によって得た思想は、明治以後の日本の社会には生かされることがなかった。

日本に帰ってきてからの万次郎の足どりをたどってみよう。

一八五二年一一月、土佐藩、高知城下の教授館につとめた。この時から、漁師ではなく、武士の身分に変わったことになる。

一八五三年、江戸《えど》（いまの東京）に呼ばれ、幕府の直参となった。

一八五四年、剣術師範、団野源之進《だんのげんのしん》の二女、鉄《てつ》（一六歳）と結婚、家庭にパン焼きガマをつくり、パンを焼いた。

一八五七年、軍艦教授所の教授となる。E・C・ブランター著『実践的航海者』（E. C. Branter, *The Practical Navigator*）の翻訳を完成。筆で書いた訳本二〇部をつくった。この仕事は、日本人にとって、航海術の案内書となり非常に役にたったもので、万次郎のもっとも大きな仕事となった。

一八五九年、幕府の命により小笠原《おがさわら》近海の捕鯨に出帆。第一回は暴風にあって失敗。再起を図ろうとするうちに、幕府の訪米使節を送る仕事の準備をすることになり、この仕事からはなれてしまった。万次郎としては、本格的な仕事のコースからそれたことになる。

同じ年に、『英米対話捷径《しょうけい》』という木版八〇ページの本を書いた。英語会話の速成教授法である。

一八六〇年、日米修好通商条約批准書の交換がワシントンでおこなわれるため、幕府はアメリカの軍艦ポーハタン号で使節をおくることにした。この正使節の護衛に、日本人が操縦する咸臨丸《かんりんまる》があたった。船長は勝麟太郎《かつりんたろう》、乗組員の主席は軍艦奉行の木村摂津守《きむらせっつのかみ》だった。この船には、アメリカの海軍軍人が数名、補助のために乗り込んでいた。航海中、アメリカの水兵と日本人の事務官とのあいだにけんかが起こったりしたが、このような対立を解消するためには、万次郎の働きが必要とされた。咸臨丸は二月一〇日、浦賀を出帆、六月二四日品《しな》川《がわ》沖に帰ってきた。

一八六一年、小笠原島の開拓調査に行った。この仕事も、政情不安のために、みのらない。

一八六二年、妻鉄、病死。その後、熊本県の医師の妹、琴《こと》と再婚したが離別。この年の一二月、一番丸《いちばんまる》の船長となって小笠原近海でクジラをとった。出資者は越後《えちご》の地主、平野廉蔵《ひらのれんぞう》。

この時に、万次郎の思想をあらわす事件が起きている。

一番丸が小笠原の兄島《あにじま》で外国人の水夫を六人雇い入れたところ、その中に、イギリス人ウイリアム・スミスという者がいて、仲間のものを盗むので困った。このスミスは、父島《ちちじま》に住んでいたジョージ・ボーウィン、ジョーンとつれだって、三人でボートに乗って一番丸に来た。かれらはピストルを持っており、スミスが借金の抵当として一番丸の乗組員にあずけてあった品物を奪いとりに来たもので、それを妨害された時にはピストルを撃つつもりだったということがわかった。

船長の万次郎は、父島の外国人一三人に、ボーウィンがふだんから乱暴者であるので出ていってほしいという署名入りの証明書を書いてもらい、またスミスに物を盗まれた一番丸の外国人水夫にも被害の証明書を書いてもらって、イギリス領事にこの二人を引き渡した。この事件は、日本人がヨーロッパ人やアメリカ人を逮捕した最初の事件だと言われており、万次郎がヨーロッパ人やアメリカ人にたいして平等感をもって対したことを示している。

一八六二年には、神奈川県の生麦《なまむぎ》で、イギリス人が薩摩藩の大名行列の前を横ぎろうとして藩士に斬り殺されるという生麦事件が起こり、翌年これにたいしてイギリスが戦争を薩摩藩にしかけて来た。そのほとぼりのさめていないころだったから、幕府がヨーロッパ人やアメリカ人を恐れることはたいへんなものだった。この時勢にあって万次郎が卑屈さなくイギリス人の乱暴者に対したことは、時代をぬきんでた行動と言える。

一八六九年、明治政府は、万次郎を開成学校教授に任命した。

一八七〇年九月二四日、ヨーロッパ視察のために横浜《よこはま》を出帆した。アメリカを通る時に、ホイットフィールド船長の一家とひさしぶりに会った。

一八七一年、帰国。

一八七九年、母の汐が病死、八六歳。

一八八六年、ホイットフィールド船長病死。八二歳。

一八九八年、東京の京橋弓町《きょうばしゆみちょう》にある長男の家で脳溢血《のういっけつ》のため死亡。墓は、豊島区《としま》南池袋《みなみいけぶくろ》の雑司《ぞうし》ヶ谷《がや》霊園にある。

万次郎が帰国してからおよそ二〇種類ほどの聞き書きの書物があらわされて、万次郎は好奇心の対象となった。その書物の一つ『漂米紀聞《ひょうべいきぶん》』は次のような逸話を伝えている。

江戸に出てから万次郎は、いろいろの大名のところにつれていかれて、アメリカのことについて聞かれた。ある大名は居間にある一つ一つのものをさして、

「この鉄びんのことは、アメリカでは何と申すか」

とか、

「火ばしは、何というのか」

などと、こまかいことを聞く。鉄びんや火ばしは、アメリカにはないから、そんなものの名まえなどあるはずがない。しかし、その事情を説明してもわかってくれそうもないので、

「鉄びんは、テツビン、火ばしはヒバシと申します」

などと、いいかげんに答えていた。

ある日、幕府の高官、勝麟太郎のところに招かれて、アメリカのようすを聞かれた。万次郎は、いつものように、

「日本とそれほど変わったことはありません」

などと他の高官にたいするようにいいかげんに答えていた。勝は、

「それはそうだろうが、変わったことが何もないというわけではなかろう。それを私に聞かせてくれないか」

と言う。そこで万次郎は、態度をあらためて、

「それなら、一つ、あなたに聞いてほしいことがあります。あの国では、高い地位についたものは、いよいよ賢く考えようとし、ふるまいはいよいよよりっぱになります。このところが日本と違います」

と答えたので、勝は感心したという。

この逸話は、実話であるかどうかわからないけれども、なぜ万次郎が、徳川時代だけでなく明治維新後の日本でもはみだした存在となったかが、ここにあらわれている。

田中正造――農民の初心をつらぬいた抵抗

万次郎が無人島に流れついたのと同じ年、天保《てんぽう》一二年（一八四一年）の一一月三日、栃木県の小中《こなか》村（現在は佐野《さの》市）の農家で田中正造《たなかしょうぞう》が生まれた。今日もその家は残っているが、四間ほどからなる田の字型の間取りの小さい家で、庭一つへだてて隠居所がついており、門のわきには便所がある。門構えだけはりっぱだが、これが名主の家かと思われるほど質素な家である。

田中家は、正造の祖父の代から、この小中村の名主をつとめてきた。正造の祖父の名も正造という。この話の主人公となる田中正造は、生まれた時、兼三郎《かねさぶろう》という名をつけられ、のちに祖父の名を受け継いで自分で正造と名をかえた。かれが、自分の祖父を好いていたことがわかる。

祖父の正造は、気のつよい人だった。富士山《ふじさん》にある富士権現《ごんげん》神社を信心しており、むすこの富蔵《とみぞう》がまだ幼いころに大病にかかった時には、まだ寒いのに、雪をふんで山に登り、富士権現に祈った。

山の行者がそれを見て感心して、宝物の掛軸をかれにくれた。それは、富士山の絵の下に歌が一首かいてあるもので、富士山におまいりする行事をはじめた人の娘が、文禄《ぶんろく》四年（一五九五年）にかいたということだった。この軸を、かれはたいせつにしまっておき、それは代々家に伝えられてきたが、昭和の初めには、もうぼろぼろになって、「文禄四年」という文字だけがわずかに読みとれるだけだったという。

田中家にとって初代の名主だったこの田中正造は、大酒飲みでもあって、三四歳で、死んでしまった。このために、田中家では男の子は、三〇歳を越すまではいっさい酒を口にしないということが家の憲法として定められた。

初代正造のあとを継いだ富蔵は、その父とちがって、穏かな人柄だった。その妻のサキは、きびしい人で、子どもをあまやかすことがなかった。

兼三郎（のちの田中正造）は、祖父に似たのか、とてもがんこな子どもだった。二代つづいた名主の家に生まれたのだから、なんとなく自分をえらいもののように思って、召し使い

栃木県一帯を流れる渡良瀬川とその支流

にいばることが多かった。

その四歳のころ、ちょうど雨のふる夜のことだった。人形の首を絵にかいて、下男に見せると、

「あまりじょうずではありません」

と、そっけなく言われた。兼三郎は、かっとなって、

「じゃあ、おまえがもっとじょうずにかいて見ろ」

と言って、筆と墨とをわたそうとした。

「許してくださいよ、ぼっちゃん。私が悪かったです」

と、下男はあやまったが、兼三郎は許さない。

「かいて見ろよ。おれよりうまくかけるんだろ」

と、しつこくせめつけた。兼三郎の母は黙って見ていたが、このころになって立ち上がると、子どもを家の外に出して、戸にかんぬきをしてしまった。

外は暗く、雨がふっている。四歳の兼三郎はこわくなって泣きさけぶが、母は許さない。

とうとう二時間も、兼三郎は暗やみの中で雨にうたれていた。

その雨の夜の悔恨は、一生涯かれの心の中に残る。ひとをいじめるという態度を兼三郎が早くから脱ぎすてることができたのは、母親のおかげだった。


小中村は、六角越前守《ろっかくえちぜんのかみ》という領主のおさめていたところである。六角家は徳川幕府の御《ご》高《こう》家衆《けしゅう》（礼式を教える職）に属し、二〇〇〇石の領地をもっていた。元はともかく、この幕末では、六角家もほかの大名、小名と同じく、とても経済が苦しくなってきていた。その支配下の村の一つの名主である富蔵は、六角家の用人《ようにん》と力をあわせて、領地の財政の建て直しをはかって成功した。そのために、六角家の支配下にある七つの村のもとじめの役、つまり領分割元役《わりもとやく》につくことになった。そうすると、小中村の名主の役があいてしまうので、むすこの兼三郎が小中村の名主となった。

この時、兼三郎は一八歳。一八五九年のことだった。

兼三郎は、名主になってから、自分で百姓仕事をつづけるほかに、染料としての藍玉の売買をはじめた。

「お前は、若いのに名主になったのだから、副業をして金をもうけるなどというのでは、本職のほうがおろそかになる」

と、父親は反対した。兼三郎はきかなかった。

「朝飯前にはかならず草一荷《いっか》かりに出ることにします。自分の本業としての農業をおろそかにはしません。

「朝飯のあとで藍小屋にいって、そこで二時間ほど商売の仕事をします。

「それが終わってから、村の子どもに文字を教えることにし、名主としての自分の責任を果たします。

「夕食のあとで、藍小屋を見まわり、そのあとで村のお寺に行って、友人と漢籍を読んで自分の勉強をします。」

こんなふうに、自分の日課を、農民として、商人として、名主としてのおおよそ三つの部分に区切って実行することを父に約束した。

兼三郎は、当時の人としてはからだが大きく、力仕事では仲間に負けることがなかったという。その並はずれた体力にまかせて、この日課を実行することができた。

兼三郎はきわめて親孝行だったが、親の意見はなんでも聞くというふうではなかった。自分の村の農民の利益が、父の代表する村の利益と対立する時には、裁判所で父と対決することさえあえてした。もともと、自分の村の農民の立場にたって考えることが名主としての当然の義務であるはずだというのが、祖父の正造以来のこの家の家憲だったので、この対立は富蔵と兼三郎とのあいだに何のしこりも残していない。

父の富蔵は、七か村を代表する領分割元役として、領主に近く仕えるようになるにつれて、小中村を代表する名主としてのむすこの兼三郎とちがう役割をつとめるようになった。

しかし、時として父に対立するようになったとは言え、兼三郎には用人を通しておこなわれる領主の契約にたいしては反対しても、領主そのものに反対するという考え方はとれなかった。

そのころ、日本の国全体の政治がゆらぎはじめた。嘉永《かえい》六年（一八五三年）ペリーのひきいるアメリカ極東艦隊の軍事力に屈して、幕府は、翌年アメリカとの和親条約をむすんだ。

その和親条約は、軍人のペリーから外交官のハリスにバトン・タッチされたあとで、本格的な通商条約となる。三〇〇年の鎖国がとかれ、名実ともに日本は開国することになった。この決断は、京都の朝廷の反対をおしきって、江戸幕府によってなされた。

朝廷側からは大反対がおこった。時の幕府側の政治を指揮する大老井伊《いい》掃部頭《かもんのかみ》は、幕府を批判する人びとにきびしい刑罰をくわえ、さらにいっそうの反感を買って暗殺された。ついに幕府という中央政府の重みが問われる時代が来た。

この時、幕府と朝廷という二つの力をもっとしっかりと結び合わせて、幕府の重みを保とうという計画をめぐらすものが出てきた。公武《こうぶ》合体運動といわれるこの努力が実をむすんで、天皇の妹和宮《かずのみや》を将軍徳川家茂《いえもち》の嫁にもらうはこびとなった。こうした計画は、すべてものものしい儀式を必要とする。その儀式の知識をもつものとして、御高家衆がたいせつにされた。

幕府としては、もっと朝廷を尊重する態度を形で示さなくてはならない。その方針の下に、皇室の陵をもっとりっぱなものにする仕事を始めることになった。文久《ぶんきゅう》二年（一八六二年）閏《うるう》八月、幕府は宇都宮《うつのみや》城主戸田《とだ》越前守の家老間瀬和三郎《ませわさぶろう》を戸田大和守《やまとのかみ》と改名させ、山陵奉行にした。あたらしく見つかった神武《じんむ》天皇の御陵（畝傍《うねび》山陵）をまつる儀式がおこなわれることになり、宇都宮に近いところに領地をもつ六角越前守が高家衆の職柄のゆえに、徳川将軍家を代表して、大和地方の畝傍山陵に参ることに決まった。この時、領主六角越前守について、経済に明るい富蔵が奈良にむかった。日本の国全体の動揺が、ついに栃木のいなかの小さい村までを巻きこむことになった。

というのは、富蔵が領主とともにながく故郷を留守にしているあいだに、六角家の用人林三郎兵衛が、富蔵らの勢力をおしのけて自分の勢力をのばし、農民からのきびしい取り立てを始めたからである。

元治《げんじ》元年（一八六四年）の春、兼三郎は勝子という嫁をもらった。近くの村の娘が気に入ったかれは、自分のかごに娘を入れて背負ってきて、嫁入り道具を途中で買って来たという言い伝えがある。この時、兼三郎は二三歳、勝子は一五歳である。そのころのかれは席のあたたまるひまもなく、栃木の村々を走りまわり、やがて仲間の名主たちとともに江戸に出むいた。

六角家の若殿様の結婚にかこつけて、用人の林三郎兵衛が若殿様の邸宅を新築するためだと言って高利の金を借りたり、建築関係者から賄賂をとったりして、そのお返しとして公金を使いちらすようになったからである。領主の家計がくずれる時には、そのしわ寄せがかならずまた領地の農民にくるものなのだ。

ちょうどこのころ、小中村の北の出流山《いずるさん》で、兼三郎の友人たちも参加して勤王の義軍を起

こした。小さな軍勢だったので、やがて岩船《いわふね》山のふもとで幕府の軍隊に負けた。兼三郎の先生にあたる赤尾小四郎という人のむすこの清三郎はこの時ここで死に、安達、織田などという友人はとらえられて同志四十余名とともに佐野の河原で斬られた。

この変動の時に、同時代の日本にあいついで起こるできごとを知ることは、むずかしい。勤王の大藩に属する人は、正式の情報機関を通して天下の大勢を定期的に知ることができただろうが、農民と郷士のゲリラ部隊にとっては、情勢を知ってそれに応じる手を打つということは無理であっただろう。

兼三郎の母サキは、江戸に出ていったむすこにひそかに使者を送って、口づたえで故郷の情勢を知らせた。

おまえの友だちは、出流山の旗上げで何人もつかまりました。さいわい、おまえは江戸に出ていたので、あやういところをのがれたわけですから、この際身をつつしんで、やたらに外出などしないように気をつけてください。

また、しばらくのあいだは、こちらに帰ってはいけません。そうでないと、おまえの反対派の一味は、このお仕置きのことにおまえを結びつけて、おまえをつかまえてしまうでしょう。この六角家の中から悪人を追いはらうとか、村どうしの対立を裁くとかいうことは、天下の大事件にくらべることのできないような小さなことではありますが、これもまた、決しておろそかにすべきことではありません。このことをよく考えて、忘れないようにしてください。

これは、母が人伝えに言ってきたことを兼三郎がおぼえていたものであり、兼三郎のその後の生活の中で何度も思い出されるうちに、もと聞いた形から変わってしまったかもしれない。むしろ、母から言ってきたことをもとにして、兼三郎が自分の人生の指針をここに見いだしたと言うべきであろう。

勤王攘夷《じょうい》か佐幕開国か、というような国家の問題に自分をかかわらせることを軽く見るのはいけないが、自分としては、身近の生活上の問題に打ち込むというかれの生涯をつらぬく政治哲学はすでにここに現われている。田中正造は、これを母ゆずりのものと考えたかった。

国家という規模でみると、この数年で、政治の状況はがらりとかわった。

一八六六年には二度目の長州《ちょうしゅう》征伐があり、これによって幕府は、名目上はその支配下にあるはずの一つの藩に負けて、天下の信用をおとした。

一八六七年には、徳川慶喜《よしのぶ》将軍が朝廷に大政奉還《たいせいほうかん》を申し出た。同じ年の暮れには、王政復古の大号令が出て、朝廷は新政府を組織する。

一八六八年には、朝廷側の軍隊が江戸を占領し、江戸城を受けとる。

こうして幕府はくずれ、明治の新政府が生まれた。しかし、〝大風は木を倒すことができても、紐《ひも》の結び目を解くことはできない〟という名言のとおり、王政復古の大号令によっても小中村の農民をおしつつむ六角家の圧迫はとりのぞかれることがなかった。結び目を解くには、薩長（薩摩藩と長州藩。幕府と対立した）の軍隊とは別の個人の力を必要としたのである。


政権が幕府から朝廷にうつったのとまさに同じ年、一八六八年の四月、六角家の用人林三郎兵衛は、江戸から帰った兼三郎をつかまえて六角家の邸内にある牢屋《ろうや》に入れた。

その牢屋というのが、中央政府の牢屋とちがって、さらに無慈悲なもので、高さ、横幅、縦幅、いずれも三尺（約一メートル）で、しかもこの中に穴をあけて便所にしてある。兼三郎は横にもなれず、立つこともできない。

からだを伸ばそうと思う時には、まず両手を床について、しりを立て、虎がおこっている時のような形をとらなくてはならない。足を伸ばそうと思う時には、まずあおむけに倒れ、足を天井にむけて、獅子が狂っている時のような形をとらざるを得なかった。

牢屋に入れられたあくる日、兼三郎は引き出されて、取り調べを受けた。すでに徳川幕府は倒れたはずであるのに、取り調べには、旧幕府の吟味方《ぎんみかた》主任があたった。場所は六角家の表玄関。

六角家の若殿様がそこに出て来て、その前で、非をうったえた兼三郎と、うったえられた林三郎兵衛との対決がはじまった。

うったえたほうの兼三郎は、なわで高手小手《たかてこて》(後ろ手にしてひじを曲げ、首からなわをかける)にしばられ、身動きできぬまま、土間の荒むしろの上にすわらされた。うったえられたほうの林三郎兵衛は、羽織、袴《はかま》をきて、吟味役の右側にゆったりと、芝居の判官役《ほうがんやく》のようにすわっていた。

対決は、すでに兼三郎らが書面でうったえていた金銭上の不正が林三郎兵衛にあったかどうかに限っておこなわれることとなった。

兼三郎は、幼いころからのドモリであるが、この時もどもりながら、吟味役にむかって、

「用人の林三郎兵衛どのは、まだ幼い若殿に嫁をむかえるための新邸宅をつくると言って、表門から長屋ふたつの改築をされました。ご先代の殿様は五年前にこの御普請《ごふしん》はやめると言われ、その中止となった計画を、薩摩藩邸が焼き打ちにされ、長州藩邸がこわされたりする天下動乱の時にまた復活させるなどということが、そもそもまちがいのはじまりなのです。

これがおかみのお金の乱費でなくて、何でありましょう」

と、申し立てた。

「三郎兵衛どのが、このように無用の土木事業をこの動乱の時に強行したのは、実は出入りの町人から賄賂をとるためであります。その証拠に、改築に使われた材木、かわら、金具、屋根、門などは、すべて見つもりの半分のねうちもない粗悪なものです。

「殿様は、他の領地や知行所《ちぎょうしょ》から金融取り引きをすることをきびしく止められました。ところがそのきまりを破って、御領米を江戸へ送るようにという命令を出された。その取り引きに必要な、一か月分の前納金五〇両をすぐに調達せよと兼三郎に命ぜられました。私は江戸で、やむなく高利の金を借りて五〇両を納めましたが、事情を知りながらその金を三郎兵衛殿が受け取られたことは、それまでのきまりを破って新しいきまりをつくり、その新しいきまりをも破って金を受け取ったことであり、こんなことでは御領分に住むものは難儀いたします。

「こんなふうにしまりのない金銭の管理をしているようでは、私たちとの取り引き以外のところで、二重に三重にお金を受け取っているかもわかりません。どうか、帳面をよく調べていただきたい。」

吟味役は、林にむかって、

「林どの。この点はどうか」

と尋ねた。林は、

「おそれいりました」

と、こたえただけで、第一回の取り調べはうちきられた。表玄関で見せかけだけの取り調べをしてみせるという計画は、不成功に終わった。

そのあくる日、第二回の取り調べが開かれた。こんどは、外のものに見られてはいけないと思ったのか、表玄関ではなく、屋敷の奥にある内庭が裁判の場所となった。そこは、大木の枝や葉がしげり、昼でも暗いところである。

兼三郎がしばられたまま荒むしろにすわるとすぐ、前の吟味役が現われて、

「田中兼三郎よりさしいだしたる書面は、その全体が不敬であり、無礼である」

と、大きい声で一言どなりつけてそのまま奥にはいってしまった。そのあとは、おそらくあらかじめ打ち合わせてあったと見えて、下役の人びとが十手をふりかざして、兼三郎の背中をなぐること数十回。血で着物がまっかになった。

しばらくすると、また吟味役が出てきて、

「どうだ。おそれいったか」

と、たずねた。

兼三郎は、怒りをおさえて、

「いや」

と答えて、もう一度前のように、林ら用人一味の悪事をかぞえたてた。

「まだ、そんなことを言っているのか」

と、吟味役は言って、下役に命じて兼三郎をもっとなぐらせた上、もう一度牢獄につれてゆかせた。

こうして、兼三郎は六角家邸内の牢につながれること、一〇か月と二〇日。それは、「庶民にいたるまで、おのおのその志をとげ」（五箇条《ごかじょう》の御誓文《ごせいもん》）ることを約束した明治維新直後のことであった。

兼三郎は、毒殺されることをおそれた。仲間のものが差し入れてくれた二本のカツオブシをしゃぶって、ほかにいっさいの食物をとらないことにした時期もあった。

そのころ、上野《うえの》にたてこもった旗本が官軍にうちやぶられ、さらに抵抗をつづけた東北の藩も降伏した。朝廷の世となっても、幕府のころのとおりに領主が農民を支配できると思いこんでいた六角家では、すこしあてがはずれたと不安に思いはじめた。

兼三郎が第三回の取り調べに引き出された時には、吟味役はもう前の人ではなかった。そして、第四回の取り調べで判決がくだった。

「領分をさわがし、名主という身分にもあるまじき容易ならざるくわだてを起こし、僭越《せんえつ》にも上役をうったえたのは不届きのいたりである。したがって、きびしく罰すべきではあるけれども、格別のお慈悲をもって、一家のこらず六角家の領分から、生涯にわたって追放を申しつける。」

用人林三郎兵衛もまた六角家からひまを出された。六角家そのものは、政府から元のままの領地を保障され、家名に傷がつかなかった。

時に明治二年（一八六九年）。兼三郎は二八歳だった。

追放された兼三郎は、妻の勝子をつれて、川一つへだてた隣の堀米《ほりごめ》村にうつって住んだ。そこは六角家ではなく、井伊掃部頭の領地だった。そこの地蔵堂を仮の家とし、村の子どもをあつめて手習を教えた。

こうしてかれは、三代つづいた名主の職からはなれた。朝早くから百姓仕事に精をだし、余分の時間をあてて藍玉の売り買いをしてつくった財産も、六角家の政治改革運動につかってなくしてしまった。父親の富蔵も、用人林の反対派としてすでに職を追われていたので、田中一家は破産状態で明治の御代をむかえた。

堀米村には、今も小さい川が流れており、この川のほとりに、それは大きいエノキが立っている。田中正造の名は、公害反対運動の先覚としてこの数年知られるようになったが、この川のほとりが、かれが明治のはじめに手習を教えていたところだということは、このあたりの人びとは知らない。だが、そこには公民館が建っており、今でも若い人びとがよく集まる。そばに地蔵堂があり、そのすぐそばには、嘉永七年（一八五四年）に篠原幸七という人が建てたという供養塔がおかれている。地蔵堂よりやや小さいその供養塔の石面には、四国八十八番、西国百番、さらに東北の月山《がっさん》、湯殿山《ゆどのさん》、羽黒山《はぐろさん》などの連山にお参りして、天下泰平・国土安全と村中の家の大安全を祈った文字が記されている。

「天下泰平・国土安全・村中家大安全」は、兼三郎の願うところであり、その願いをくずすものとして領主の権力が現われたので、それとたたかったのだ。兼三郎には、日本は神の国であるとか、天皇親政の世にもどさねばならない、などという理論はない。もっと単純に、村中の家が安心して暮らせる世の中であってほしいと思うばかりだった。そう考えて努力した果てに、財産を失いつくし、いま妻と二人で、この川のほとりに暮らすようになったのだった。

供養塔のとなりには、もっと小さい石で、単純に「馬頭観世音《ばとうかんぜおん》」と彫ったものが建っている。

そのとなりには、さらに小さい石に、「庚申塔《こうしんとう》」と彫ってある。

こういう石のあいだに暮らすことは、終生、宗教心をもちつづけた兼三郎にふさわしい。川は、元気な青年ならば、とび越すことのできそうな小さい川である。その小さい川のむこうが、かれの追放された領地である。川のむこうに遠く足尾《あしお》銅山につらなる山なみが見える。

この故郷の山野が、かれの生涯の活動の舞台となった。青年時代以後の中央の活動のあとで、かれはそこに帰ってゆくことになる。

破産同様の状態ですごしたこの地蔵堂の日々にも、かれには後悔したようすが見えない。むしろ、一〇代からはじめた領主にたいする改革運動がやはり自分のなすべきことだった、という確信をこの時に得たようである。だからこそかれは、からだをなおしてから、ふたたび政治にくわわろうと決心した。

兼三郎は東京に出て、友だちの家でしばらく居候をしていた。明治三年（一八七〇年）になって官吏になる機会がめぐってきた。薩摩とか長州のような大藩の背景がなかったために、下の役にすぎなかったが、ともかくも一人前の官吏として、知り合いなど一人もいない江刺《えさし》県（今は岩手県）の山の中に出ていった。

兼三郎は、あたらしい人生をみずから祝うつもりで、祖父の名を継いで田中正造と改名した。

前にも書いたが、田中正造は人並みより大きく、腕力では人に負けなかった。それにくわえて感情のはげしい人で、他人に圧迫感をあたえるような人柄だった。正造を好く人にとってはたよりになるが、いやだと思う人には、毛ぎらいされた。俗にブタ目と言われるように、まぶたが厚ぼったく、その下に細い目をうっすらと開いているのが、かれを憎む人にはいかにも信用ならぬもののように感じられた。

六角家改革運動の時につぐ二度目の災難がかれの上にふりかかったのは、やはりかれの人柄の招き寄せたものだったろう。


一八七〇年のはじめ、二九歳の田中正造は、月給六円の下級官吏として江刺県に出むいた。役所の本部は遠野《とおの》町にあり、その支所が花輪《はなわ》町にあった。正造は支所のある花輪町に住んで、県内をまわって報告書を書いた。前年秋の凶作のために、鹿角《かづの》郡と二戸《にのへ》郡とでは農民が飢えに苦しんでいた。正造は下級官吏の身分ながら、自分の責任で貯蔵米五〇〇俵を開放して救助にあたった。

一八七〇年の日記を見ると、県下の貧しい家の一軒一軒について、こまかい覚え書きをつくっている。

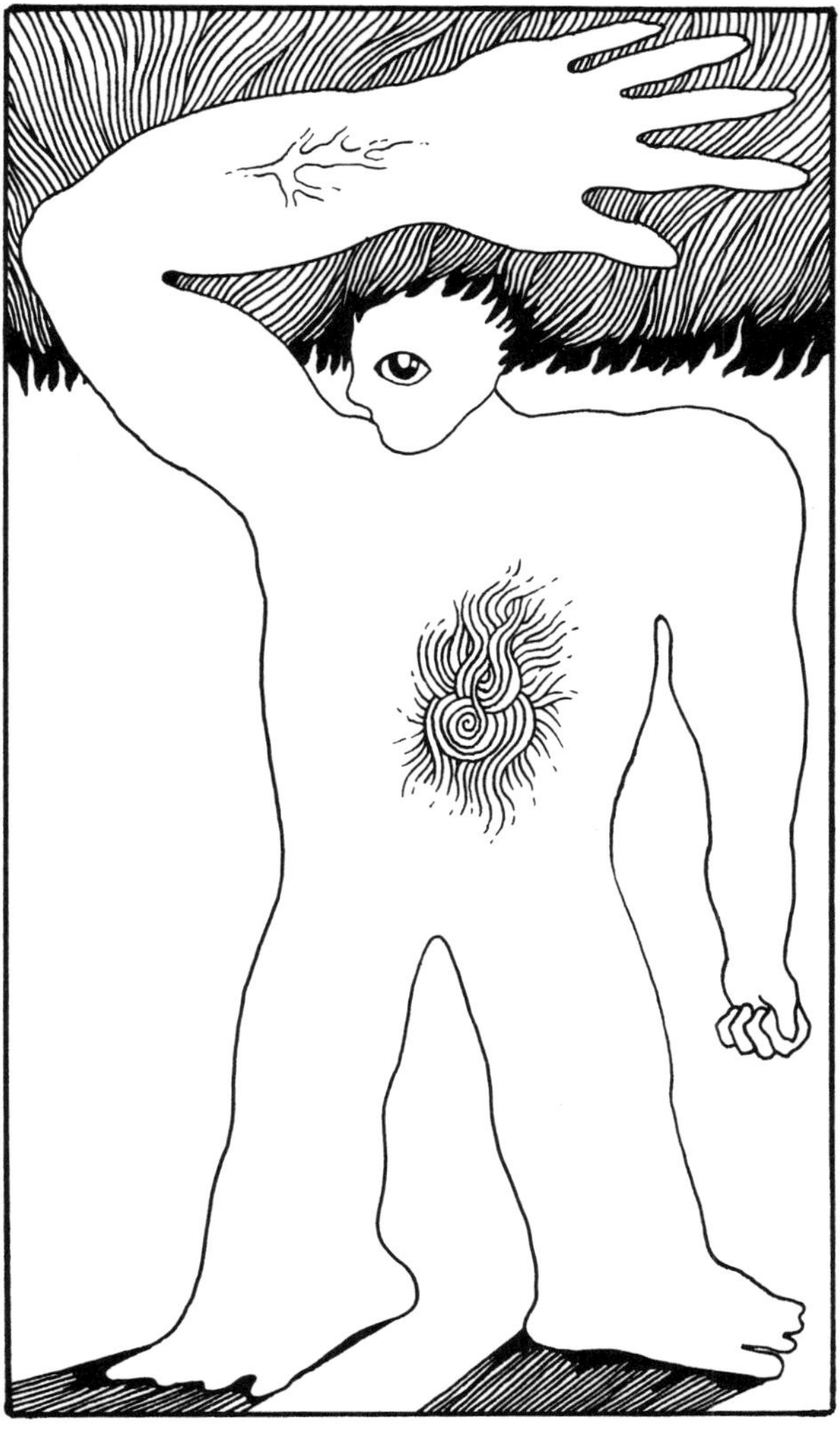

この民のあわれを見れば
　あずまじのわがふるさとのおもい出にける

という和歌が書きつけてある。

窮民救助のための努力、訴訟をきいて取り調べをしたことなどが、こまごまと日記に書いてある。

そのうちに冬になり、寒さのためにリュウマチスが出たので、小豆沢《あずきざわ》という山奥の温泉に行って年末の休みをとった。正月になって花輪町のすまいに帰ると、そのあくる晩、正造の上役、木村新八郎が何者かに斬られた。

知らせを聞いて、正造は刀をもって上役の家にかけつけた。そのころは、役人はまだ刀を差していたものだったから、あたりまえのことだったが、もしこの時、丸腰でかけつけたなら、無用の疑いは受けなかったかもしれない。

田中のかけつけた時には、木村はまだ生きていたが、やがて息絶えた。そして、四か月たってから、田中正造が木村新八郎殺しの下手人《げしゅにん》としてとらえられた。理由は、正造の刀のやいばに人を斬ったくもりがあるということだった。

明治のはじめは、薩摩や長州などの勤王の大藩出身のものは、人を殺しても罰をまぬかれることができた。たとえば北海道長官の黒田清隆《くろだきよたか》は、酒の上のあらそいで妻を斬り殺したが、警視総監にかばわれて、何のとがめも受けず、のちには総理大臣になった。それはおなじ政府内部に、同藩出身の友だちが多かったからで、かれらの間にはおたがいの失敗をかばいあう一種の保険がかかっていたのだ。しかし、栃木の六角家という小さな領主のもとで（名主とはいえ）百姓をしていたものが東北の役所に来た時、かれは自分のために有利な証言をしてくれる友だちを役人の中に見いだすことができなかった。それに加えて、かれは民衆の立場と結びついて官吏を批判することが多く、その正義感のゆえに、役人仲間ではとげとげしい性格と見られていた。

きのうまで取り調べの役にあたっていたものが、今は逆に取り調べられる立場にかわった。正造は、花輪の支所で調べられた上、後ろ手にしばられ、足かせをつけられ、唐丸《とうまる》かご（罪人を送る網つきの竹かご）にのせられて、五〇里（約二〇〇キロ）の山道を遠野町の本部まで送られた。

途中に、一日に七度もしぐれが降るというので、七時雨《ななしぐれ》の峠と呼ばれている難所がある。

うしろ手を負わせられつつ七時雨

しぐれの涙　おおう袖もなし

これは、この時正造のよんだ和歌である。

遠野町の監獄についてから、正造は身におぼえのない罪を問われているので、あくまでも強気で、一時間でも早く取り調べをはじめてもらって自分の無実をはっきりさせてくれと申し立てた。

ある朝、午前一〇時ごろかぎの音がして、

「田中、呼び出しです」

と、牢屋番がつげた。法廷に出ると正造は、自分がなぜ刀をもって上役の家にかけつけたかの事情を説明して、

「刀についての疑いは、もう晴れました」

と、自分で決めつけるように言った。これまで正造が勤めていたとおなじ取り調べの任にあたった役人は、首をかしげて、刀についての正造の言い分を受け入れたように（正造自身には）見えたが、正造がもう一度口をひらいて、

「正式の裁判所は、この江刺県にはありません。今でも、隣の山形県にあるのですから、そこでもう一度、正式の取り調べをしてもらいたい」

というのを聞いて、役人は自分の今の取り調べを軽く見られたと感じて、かっとなった。なまいきなことをいうなと急に態度をかえると、せきこんだ口調で下役をよんで、正造をごうもんにかけろと命じた。それは、「そろばん責め」というごうもんで、板の上に歯をうえたような木製の道具の上に、ひざをまくってすわれというのだ。そのひざの上に、一八キロほどの四角い石を三つとって乗せ、牢番がそばからその石をゆりうごかす。正造のすねは、みしみしと折れそうになった。

「なぜ、こんなごうもんをする必要があるのか」

と、大声で正造はどなった。

やがて、石が取り去られると、こんどは、かえって、スネをとられるように痛い。自分の力ではほとんど立てなくなっているのを、牢番がひきずるようにして獄につれていった。

六角家の時とちがって、こんどは独房ではなく、正造は東北の民衆と、役人としてではなく、囚人仲間としてここでつき合うことができた。今までは、低い身分とは言いながら名主であり、手習師匠であり、官吏であったのに比べて、正造の民衆学は、どこの馬の骨ともわからぬ他国者としてのこの入獄を機会として一段と深められた。

正造は、入獄のころには余分の着物をもっていたので、それを先輩の囚人たちにわけて、近づきのしるしとした。牢を何度か変えられたので、そのうちに着のみ着のままになってしまった。はじめはすぐにも牢を出られると思っていたが、年を越しても出られない。生まれ故郷の栃木にくらべてひときわきびしい東北の寒さは、骨身にこたえた。故郷から離れたものの苦しみを、身にしみて知った。

そのころは、江戸時代とおなじくらいにしか馬車の便がひらけていなかったので、政府の用事のことづてにも二か月はかかった。囚人である正造が、郷里から着物を送ってくれとたのむ手だてはなかった。

どうしようかと思ううちに、囚人の間に赤痢が出て、なくなる人もいた。正造は牢番にたのんで、死人の着ていた衣類をもらい、わずかに寒さをしのぐことができた。この明治四年(一八七一年)の冬、遠野町の監獄では、囚人の間に凍死者が多くあったという。

その間に正造の勤めていた江刺県庁というものはなくなり、岩手県という新しい県にくみかえられた。県庁の移転とか、上部の役人の異動とかにいそがしくて、下級の官吏である正造のことなどは忘れられていたのだった。

明治の新政府ができて五年。軽輩から身をおこし馬上天下をとった伊藤博文、山県有朋《やまがたありとも》など、正造とほぼ同じ年輩の青年にくらべて、正造が明治維新というものにたいして、あまり期待をもてなかったことがわかる。のちに正造は、伊藤や山県の政府を向こうにまわして一歩もゆずらぬ生涯を生きることになる。正造と明治の支配者とのあいだでは、明治維新というものの経験の質がちがうので、その出発点に誠実であろうとすれば、どこまで行っても、明治の支配者と対立するほかなかった。

異郷に忘れられたひとりの囚人として、正造は記憶術にあたらしい工夫をした。牢屋の中には、本の差し入れをしてくれる人もなく、紙に文字を書くこともできなかったので、ただ黙ってすわって自分の今までのこと、これからのことをくり返し考えていた。その時、自分は人よりも頭が悪いということに気づいた。とくに物覚えがわるい。これではとても、器用な人のように二つも三つものことができるわけがない。これまでは体力にまかせて、百姓の仕事、名主の仕事、子どもの教育、藍玉の商売、役人の仕事などいろいろしてきたが、どうも自分は一つのことに打ち込むしかないようだ。一つの目的と仕事にささげる生涯をおくることにしたい、と正造は考えるようになった。

自分が本気でしようと思う仕事を一つだけに限るならば、その仕事の底にある情熱と自然にむすびついて、その仕事に関係のあることは忘れるということも少ないだろう。この方法によるならば、自分のたよりない記憶力も活用できるであろう。

それが、獄中で自分の生涯を整理した結果、正造の達した一つの発明だった。

郷里の栃木県小中村では、正造からの音信がとだえたのを心配して、父の富蔵と妹ムコとが岩手県遠野町まで旅をしてきた。正造との面会はゆるされなかったが、役所の人びとに会って頼みこんだらしい。新しい年になってから牢番のあつかいが、ゆるやかになった。

明治五年（一八七二年）の三月末、正造は岩手県遠野町から盛岡《もりおか》町に移された。ここの牢獄は、今までの牢獄にくらべて牢番がやさしかった。あとで聞いたところでは、岩手県県令（今の県知事）の島惟精《これきよ》は、幕末に勤王派だったために、若いころ牢につながれたことがあり、そのために囚人はいたわるようにという方針を出したのだそうである。

この年の冬になると、栃木の故郷からあたたかい着物などが送られてきて、正造はようやく人心地がついた。あくる年の明治六年（一八七三年）、正造は畳のある部屋にうつされ、ここでようやく本も読めるようになった。夏の日には、菖蒲《しょうぶ》だとか、そのほかのいろいろの草花を生けて、囚人の気持をなごやかにするなどという思いやりが見られるようになった。

欧米諸国にならう監獄の規則がさだめられて、それがようやく、岩手県においても行なわれるようになったのだ。

正造は、囚人仲間で本をもっている人から借りて、翻訳書で政治と経済について勉強することにした。

正造は、子どものころからドモリだった。そのために、ただ議論をしていても、けんかをしかけているように受けとられて損をしてきた。こんどの災難も、そこから来ているところが多い。かれは、この牢獄生活をいかして、ドモリを直そうと発心した。たまたま手に入れ

た『西国立志編』という本が、中村敬宇《なかむらけいう》の訳だけあって文章に品格があるので、その文句を一句ごとに万遍くり返す決意で音読したり、暗唱したりした。練習は一年あまりに及んだ。この練習が、田中正造の談話と演説のスタイルにあたえた影響には著しいものがあった。牢獄から出てひさしぶりに人と会って話して見て、入獄以前とは別人のようにおちついて、穏やかに話すことができるようになったと、自信をもつことができた。

どういうわけかわからないが、県庁の役人の中には、田中正造に同情する人も現われた。もとの正造とおなじ下級官吏の西山房文という人は、正造のために、毎日卵を二つずつ差し入れてくれた。どうしてこんなに親切にしてくれるのか、正造があやしんだくらいだった。

こうして明治七年（一八七四年）四月になったある日、正造は急に、牢獄から法廷に呼び出された。

岩手県県令の島惟精が出てきて、

「そのほうは、明治四年四月以来、木村新八郎暗殺の疑いで入獄し、吟味を受けていたが、このたび証人たちの申し立てにより、そのほうの疑いは晴れた。これ以上の取り調べは必要ない。きょう、無罪放免を言いわたす」

と言った。

田中正造が未決囚として獄につながれた月日は、三年と二〇日に達していた。三〇歳から三三歳までのたいせつな年月を、岩手の牢獄で暮らしたことになる。

調べになぜこれほど手間取ったかというと、江刺県の廃止にともなって、江刺県の上級役人三人が戊辰《ぼしん》戦争（明治元年）当時の行動を追及されて投獄されたりしたことがあったので、県の行政が一時とまってしまったからだった。その後、正造の事件がふたたびとりあげられた時には、木村の未亡人とその長男をふくめて、正造に有利な証言があつまった。犯人を見たという木村桑吉をさがしたところ、この人は混乱のあとで静岡県に移っていたので、その証言を得るまでに月日がかかった。桑吉は、

「私は、田中正造とは平生から知っているので、犯人が田中ではないと断言できます。犯人は、田中とちがって色白の男でした。また、細面であった点も田中とはちがいます。着ている服が田中の着ていたとおなじように小紋《こもん》と見えたのは、夜の行灯《あんどん》の光で見たのですから、はっきりしません。小紋も無地に見えるでしょう。小紋のように見えたのは、こまかい中形《ちゅうがた》染《ぞめ》だったのではないでしょうか。それに、犯人は田中のように白い袴をしてはいませんでした。」

これで、田中の袴が血によごれていたのも、かけつけてから木村を介抱したためとわかった。

もう一つ問題となった、田中の脇差しについては、刃にくもりはあるとしても、切っ先は

きれいであるという証言が出ていた。

それらの関係者の証言をつきあわせるという法廷事務そのものが、維新直後の変動で、とどこおりがちなのだった。

正造は、無罪放免になってから、前に卵二個ずつさし入れをしてくれた西山房文の家にひきとられた。明治七年四月五日のことである。まだ長い旅行に耐えるからだぐあいではなかった。西山の家で一か月あまり養生をしてから、五月九日に盛岡をたって、故郷にむかった。正造の母は、かれの出獄のわずか一か月ほど前の三月九日になくなったことを、かれは帰国の直前にきいた。

この三年あまりの獄中生活は、正造にとって最良の学校だった。友人の少ない異国の牢獄にいるということが、正造の心の中で、くり返し故郷のことを呼び起こす原因となった。かれは、故郷の山河と、家の人びとと友人たちとを思い出しては自分の心にやきつけ、これらと対話しつづけた。

フランスの哲学者アランは、力学的な問題を考える時にはいつもつるべのことを思い起こしたというが、人間が考える時に用いるモデルは、ふつうは単純なものである。田中正造が天下のことを考える時、かれの中には、万次郎のように無人島と捕鯨船が浮かんでくるのではなく、追放された村の外から見た故郷、獄中にあった時に思った故郷の姿があらわれた。

この故郷への献身が、明治以後の数ある政治家の中で、田中正造を独特の政治家にした。

その後の田中正造は、小中村の隣の石塚《いしづか》村の酒屋の番頭となって、せっせと働いて、失った資産を回復しようとした。だが、酒を買いにくる人に説教するくせがあって、店の主人に喜ばれず、やめてしまった。

その後、青年たちをあつめて夜学をひらき、おおいに成功したが、西南《せいなん》の役《えき》と呼応する反乱のきざしをつくるものと思われ、政府筋から妨害されて、解散するところまで追いつめられた。正造は、このころから西郷隆盛《さいごうたかもり》と板垣退助《いたがきたいすけ》に心を寄せ、とくに板垣退助に会いに土佐まで行こうとして仲間に相談したが、反対されて旅費をつくることができなかった。しかし、このころから板垣の民権運動に深い関心をもっていた。議会を早く開くようにという建白書を書いて、県令まで送ったことがあった。また、町村の自治の構想をたてて建白書を書き、県令に出したこともあった。これは明治一〇年（一八七七年）一一月のことである。この町村自治の思想は、田中正造の政治思想の骨格をなすものだった。

西南戦争が起こると、政府は紙幣を乱発した。正造はこの時、物価がきっとあがるだろうと思った。そして一〇年前に、六角家の改革運動の仲間が貧しくなったのを助けようとして、

「いま、土地を買えば、きっともうかる」

と説いてまわった。

「正造さんのもってくるもうけ話なんて信じられるものか。あんた自身が、自分の財産を失ってしまったではないか。酒屋の番頭をしてもつとまりはしないし、少しばかりそろばん勘定を覚えただけだろう」

と言って、昔からの知り合いからは、相手にされない。

正造は意地になって、自分の見通しの正しさを、自分で実験してみようとした。そこで、父と妻とに相談して、土蔵から納屋からとにかく家につたわっている道具を全部売りはらい、それに姉妹の金も借りてきて、ともかく五〇〇円というまとまった金をつくった。

そのころ、正造はまだ三年の獄中生活のたたりで病気がちだったが、家に寝ていながら、だんだんに近所の田畑を買い入れた。人びとはそれをわらって見ていたが、その数か月ののちに土地のねだんが上がりはじめ、ついには一〇倍以上になってしまった。

正造は、三〇〇〇円以上のもうけを得て、祖先からゆずり受けた資産を回復することができた。

この時になって、遠野、盛岡の獄中で考えたことが思い出された。

普通の頭をもっているものならば、片方で金もうけをして、片方で政治運動をすることもできるだろう。だが自分の頭はかたよっていて、そんなことには耐えられない。だからここで、姉妹から借りた金を全部返し、だれのめんどうも見なくてよいひとりの人間となって、政治だけに打ち込むことにしたい。

正造は、父の富蔵に手紙を書いて、この決心を知らせた。

その要点は三つある。

一、今より後、自己営利事業のため精神を労せざること。

一、公共上のため毎年一二〇円ずつ、三五年間の運動に消費すること。（この予算は、後に明治二二年以来、選挙競争のために破れたり。）

一、男女二人の養児は相当の教育を与えて他へつかわすこと。

正造、勝子夫妻には子どもがなく、養子をもらっていた。その子どもたちに、このさい資産をわたして他家に養育をたのむというのだった。正造は、政治に打ち込むためには、公平なつき合いを人とのあいだにもちたいと考えた。

正造には四〇〇〇万の同胞（当時の日本の人口）あり。うち二〇〇〇万は父兄にして、二〇〇〇万は子弟なり。天はすなわちわが屋根、地はすなわちわが牀《とこ》なり。

正造の生涯の終わりから見るなら、この文章に誇張はない。この後、天を屋根とし、地を寝床として、正造は暮らしてゆく。この時以後、家をもたぬ伴侶《はんりょ》として、勝子は長い年月をともに暮らし、正造の最期を、他人の家の屋根の下でみとることになる。

この手紙を書いた時、正造は父から反対されるだろうと思った。ところが、父はこの手紙を見て、喜んで正造に言った。

「よく言ってくれた。おまえの志はりっぱだ。ただ、それをよく貫くことができるかどうか。」

そして筆をとって、むかしの禅宗の僧侶がつくったという狂歌を一つ書いてくれた。

　死んでから仏になるは、いらぬこと
　　生きているうちに善き人となれ

正造は、父の態度に感動して、三日間ものいみ（ある期間、食事や行ないをつつしんで心身をきよめること）をして、神々にこの約束の実行をちかった。

明治一二年（一八七九年）、正造が三八歳の時のことである。

四〇〇〇万人の日本人全部の問題を一時に自分の問題として取り組むことができると考えるところには、遠野、盛岡在獄当時の正造の思考のモデルからはなれているところがある。六角家の獄に捕えられるまでの正造の活動のモデルからも遠くはなれている。この逸脱に、正造はやがて気づくことになる。正造の思想は、全部の日本人だけが自分の同胞だという考え方から、世界の人間が自分の同胞だという考え方に進むと同時に、かれが自分の全力をあげて取り組むのは、故郷に近い栃木県谷中《やなか》村の鉱毒問題ただひとつにかぎられることになる。

それまで、一八七九年に正造は斎藤清澄《きよずみ》を助けて栃木町（当時の県庁所在地）に「栃木新聞」（のちの「下野《しもつけ》新聞」）をはじめた。一八八〇年に栃木県会議員に立候補し当選。その後、ひきつづいて当選六回。一八八六年には栃木県会議長となった。

その間、一八八四年、栃木県県令三島通庸《みしまみちつね》が土木工事をさかんに起こして寄付金と人夫供出を強要し、工事のじゃまになる建物を強制破壊することに抗議して抵抗運動をはじめた。このために、一一月一三日、宇都宮町（県庁は栃木町から宇都宮町に移された）の監獄に入れられた。ただし、今回の在獄は短かった。三島が栃木県令の位置を去るとすぐ正造は無罪放免となり、一二月二三日に出獄した。

一八九〇年には第一回の国会議員選挙に、栃木県安蘇《あそ》、足利《あしかが》の両郡からうって出て当選。

その後、ひきつづいて六回当選。その間、一八九五年、東京市の早稲田鶴巻町《わせだつるまき》に平民クラブという学生の寄宿舎をつくり、正造もここに合宿して栃木出身の青年と話し合った。この寄宿舎はのちに高田に移され、時代が平民主義からはなれていってから両毛学寮と名をあらためられ、正造の死後も残った。

一八九〇年、一二月一八日、足利郡吾妻《あずま》村臨時村会から、栃木県知事にあてて、足尾銅山の採掘を停止するように望むという上申書を出した。

古河市兵衛《ふるかわいちべえ》が、ほとんど廃坑のようだった足尾銅山を手に入れたのは、西南戦争の年、一八七七年のことである。この時以来、かれの事業家としての熱意は、この廃坑に活気をあたえ、製銅の量は一八七七年の七万七〇〇〇斤《きん》から、わずか一四年後の一八九一年には一二七〇万四六三五斤にのびている。この点では、古河市兵衛は、明治初期のもっとも創意ある事業家の一人である。一八八八年には、古河はフランスの銅買いもとめにこたえて、三年間に一万九〇〇〇トンの銅をわたす約束を結んだ。事業家としての古河の成功は、同時に、栃木県の平野一帯のおもむきを変え、製銅所から流す鉱毒は、渡良瀬《わたらせ》川の魚を食べられないものとし、その両岸の農地に作物が育たないようにした。少年時代、青年時代に田中正造が遠く見た足尾山地は、明治以後の資本主義の下では、意味を変えた。

渡良瀬川のうるおす平野は、もはや住民をあたたかくつつむものではなくなった。

一八九〇年一二月八日の吾妻村村長、亀田佐平の上申書にかえるならば、この吾妻村には漁師が一五〇〜六〇人いたが、鉱毒のために、一四人に減ってしまったという。おなじ吾妻村の下羽田《しもはねだ》では、おなじく鉱毒のために、農民は一粒の収穫もあげることができなかったという。

下羽田は、のちに、田中正造が息をひきとる場所となる。

正造は国会議員として、山県有朋、松方正義《まつかたまさよし》、伊藤博文、桂太郎《かつらたろう》などの長州、薩摩藩出身の歴代の総理大臣の内閣を相手どって、足尾銅山の鉱毒から住民を守るためのうったえをつづける。おなじ国会で議論をまじえながらも、山県、伊藤らの目は国家的規模の日本の繁栄を計ることにむけられ、田中の目は栃木県下の農民、漁民にむけられる。おなじく幕末の軽輩から身をおこしても、一方は大きな視野への上昇に終わり、他方は大きな視野のひらける地位まで上昇しながらも、かつて故郷の村から見た世界という視野を捨てることができなかった。

一八九八年九月二五日、群馬県渡瀬村の雲竜寺《うんりゅうじ》に一万人があつまり、鉱毒の被害をうったえた。そのうち五〇〇〇人が寺を出て、歩いて東京にむかった。途中で警官と憲兵になぐられたりどなられたりして、ひき返すものもあったが、三〇〇〇人が九月二八日には東京の近くに着き、野宿していた。村はずれの氷川《ひかわ》神社の境内で正造は数十名と会い、国会議員としての自分の一身にかけて力をつくすからと言って、かれらにくににかえるように言った。

大勢《たいせい》は委員を挙《あ》げ帰国の途《と》に付く。被害民中泣涕《きゅうてい》するものあり、哭《こく》するものあり、予も亦《また》忍びずして共に泣く。巡査及《および》警視憲兵警吏《けんぺいけいりら》等も又目に涙を見る

と、正造は日記に書いた。

この時の約束は、正造の心に重くのしかかった。国会議員としての演説は、何度くり返しても、政府にたいしてはのれんに腕押しだった。

人民を殺しておいて国家がたちゆくと思うか。一九〇〇年二月一七日、正造のこの質問にたいする総理大臣の答えがのこっている。

質問の旨趣《ししゅ》その要領を得ず。よって答弁せず。右答弁におよびそうろうなり。

明治三三年二月二一日

内閣総理大臣侯爵山県有朋

たしかに正造の質問は答えにくいものだっただろう。金持ちはその金にまかせて事業を自由にすすめてよいという資本主義のおきてをそのまま受け入れるならば、足尾銅山の事業を

住民のために停止するなどということは考えようもなかった。しかし、封建制度の身分の上下のルールをうちやぶって幕府とたたかって倒したその青年時代の思想にたち返るならば、山県にも、自分たちのつくった自治社会の秩序をもう一度、根本から疑ってみることができたはずだ。

人間がそれによって生きる土地をたいせつにしないならば、そういう国は滅びるだろう。いや滅びるだろうというのではない、滅びてしまったのである、と正造はこの時に言った。そのことばは、その後八〇年たって日本が公害に苦しんでいる今日、予言としてわれわれの耳には聞えるが、その時の政府は、聞く耳をもたなかった。

一九〇一年一〇月三一日、正造は衆議院議員をやめた。

おなじ年の一二月一〇日、足尾銅山鉱毒問題について、天皇に直訴した。

明治天皇の行列が貴族院《きぞくいん》のわきにさしかかった時、黒の紋服、黒の袴で、下駄をぬいで足袋《たび》はだしのまま、正造は直訴状を頭の上に高くささげて、

「おねがいでござる」

と、叫んで近づいた時、馬車のわきの近衛《このえ》騎兵が正造をさえぎろうとした。しかし騎兵は自分のかたむいた姿勢をささえきれずに馬もろともどっと倒れた。この時に、正造も倒れて進

むことができず、警官に捕えられた。

警察は、正造を狂人だということにして釈放した。

その後の正造は、鉱毒の流れる渡良瀬川流域の村をまわり、被害をうけた人びととともに暮らして、一九一三年九月四日、下羽田の庭田《にわた》清四郎《せいしろう》の家で死んだ。最後の日の記録を、木下尚江《きのしたなおえ》の手記からひこう。


九月四日。

此朝《このあさ》、彼は枕《まくら》に就《つ》けるまま、

『是《こ》れからの、日本の乱《みだ》れ——。』

斯《か》く低《ひく》く独語《どくご》したが、眉《まゆ》を顰《しか》め身《み》を慄《ふる》わし固《かた》く唇《くちびる》を結んで、憂悶《ゆうもん》堪え難《がた》きこと、やや久《ひさ》し。

一天青く晴れ渡って、日《ひ》正《まさ》に午《ひる》に近き頃《ころ》、彼は起《お》き上《あが》ることを求めた。枕頭《ちんとう》に居《い》た本文の記者（木下尚江）が、手を差し入れて抱き起こした。

彼《か》れ、床上《しょうじょう》に端然大坐《たんぜんたいざ》。満身《まんしん》の力を集めて気を吐《は》くこと、さながら長鯨《ちょうげい》の潮《しお》を吹くが如《ごと》し。

夫人勝子、団扇《うちわ》であおぎながら、瞬《また》きもせずに、良人《おっと》の顔面を仰視《ぎょうし》して居《い》る。

大呼吸七、八回、十回ばかり。一声《ひとこえ》長く響《ひび》いて、やがて遠く消えたかと思う時、勝子が静かに、

『お仕舞《しまい》になりました』

と、告《つ》げた。

庭前《ていぜん》の草むらには、様々な声を立てて、秋の虫が鳴いていた。

（木下尚江『田中正造之生涯《のしょうがい》』）

田中正造は、下羽田の庭田清四郎の家で死んだ。

残されたものは、菅笠一蓋《すげがさいちがい》、頭陀袋《ずだぶくろ》一個。その中に入れてあったものは新約聖書一冊、日記三冊、鼻紙少しばかりであった。青年の時に父に約束したように、自分の財産をゼロにすることをなしとげたのである。父はすでに一八九一年、正造が五〇歳のころなくなっていた。

人は無から生まれて無に帰る。これは、あたりまえのことのように思えながらも、その自覚をもって生きることはむずかしい。おなじ明治の時代をつくりながら、伊藤博文、山県有朋、桂太郎らは、いずれも勲一等、公爵といったような肩書を残して死んだ。死んだあとも、自分の位置はそのようにして残るものと考えてその位置を墓石にきざみ、華族として子孫にも同様の栄典があたえられることを当然と信じた。

明治史の表面をかざるこの人びとを対極におく時、田中正造の生涯をささえた思想は明らかになる。田中正造にとっては、名主となったこと、土地の売り買いで財産をつくったことは、自分の身についたものとは考えられず、まして、子孫につたえるべきものとは考えられなかった。偶然に自分の得たそのヴァンテイジ・ポイント（有利な位置）を利用してなにかを実現して社会に返すための要請だと考えられた。そこで、これらの有利な位置を全部、自分の生きているあいだにくずしてしまう計画を、青年時代にたてた。自分の生涯が、その設計どおりにゼロになることが、かれが自分の生涯にたいしてえらんだゲームの目標で、その目標に達するには、かれ自身の力では避けられないさまざまの困難があったが、人びとの協力と偶然の助けによって、ここに予定どおりの終わりを迎えることができた。

明治の歴史に田中正造の果たした役割は、勢力として見る時には小さいが、かれの生涯は、明治の支配層のつたなさを照らし出す一つのともしびとなっている。

無に帰るために生きるというかれの考え方は、かれに特有の宗教心と結びついている。田中の社会思想は、幼少の時から晩年にいたるまで、その宗教心からはなれては考えることができない。

田中正造は晩年、新井奥邃《あらいおうすい》の影響をうけて、新約聖書を読んでおり、死ぬ時に残したただ一つの本はこの新約聖書である。しかし、晩年の日記を読む時、正造がキリスト教の信仰をもったとは考えにくい。かれは、晩年になって、静坐法《せいざほう》の教師岡田虎二郎《おかだとらじろう》を理想の宗教人として見たり、東洋の聖人を自分の理想としていたりする。

その晩年に正造についていた石川三四郎《いしかわさんしろう》や木下尚江とおなじく、虚空にちらばるさまざまの星のようなものとして、それぞれの宗教の経典を見ていたのであろう。多くの星の中の一つの星であるキリスト教の経典を、ただ一つの星と考える立場ではなかっただろう。

田中正造の日記は、つぎのことばで終わっている。

悪魔《あくま》を退《しりぞ》くる力なきもの其身《そのみ》も亦《また》悪魔なればなりき。已《すで》に業《ごう》に其身《そのみ》悪魔にて、悪魔を退《しりぞ》けんは難《かた》し、茲《ここ》に於《お》いて懺悔《ざんげ》洗礼《せんれい》を要す。

（一九一三年八月二日）

田中正造は、少年時代から力が強く、一八歳で名主となったころに自分できもいりして青年相撲大会をひらいたが、ここであやまって村の青年二人の腕を折ってしまい、大いに恥じて寺にはいって読経、読書にしばらく専念したという。晩年になってからも、天皇の騎馬行列の中にかけこんでゆくほど、肉体的勇気をもつ人だった。臨終にさいしても、床にすわったまま、大きく数回呼吸をして死んだ。この臨終の記を書いた木下尚江は、自分の死にさいして、どうして自分はみごとに死ねないものかと嘆いたという。

田中正造には、かれのからだにそなわった独自の気力があったのだろう。その肉体的勇気は、青年時代の六角家における入牢と取り調べ、岩手県における入牢とごうもんにさいして、はっきりとあらわれている。この肉体的勇気は、田中正造の中に、つねに不必要なまでに人につきかかる性格をつくった。自分の中にくり返し現われる攻撃的衝動を、かれは生涯にわたってくやみ、これからの浄化を求めていた。自分の中に住みつく悪魔とは、正造にとっては自分の内部のふりはらっても消えない攻撃的衝動をさすものと思われる。

その自分内部の攻撃的衝動こそ、明治以前と明治以後とを問わず、田中正造を権力にたいする抵抗者として終始させたものであったが、この攻撃的衝動をも一つの悪魔として自覚するかれの宗教心には、抵抗運動を内側から腐敗させる権力欲との絶えざるたたかいの源泉がある。それは抵抗にたいする抵抗を内にふくんだ運動であり、みずからの腐敗にたいして敏感な政治運動をつくり得た。

田中正造は、一九〇七年、日本を訪れた救世軍《きゅうせいぐん》のブース大将に会って、世界の陸海軍を全廃するように、ブース自身の国であるイギリス政府その他の諸国にはたらきかけてくれと頼んだ。このようにかれは、地球大・世界大の政治を頭に入れていた。しかし、かれが全力をあげてとりくんだのは故郷の渡良瀬川流域の鉱毒問題であり、村の政治である。思想はコスモポリタン（世界主義的）、行動はローカル（地方主義的）というのが、かれの政治のプログラムだった。そしてその行動も、国会をとおしてうったえたことはまちがっていたと反省したように、自分自身の生活をもってことに当たるという、直接行動の形をとる。政府の権力が自分の生活をしばりにくれば、しばるにまかせ、しかし、けっして屈しない。釈放されれば、時の国法を無視しても、自分の生活をとおして権力を批判しつづけるという、非暴力直接行動の政治思想を、最後の信条とした。

はじめに六角家の領主をたいせつにしたように、明治以後になってからは、かれは天皇をたいせつにした。明治天皇の大葬の時には、石像のようにしばらく静かにすわっていたという。しかし、六角家の名においてなされても、天皇の名においてなされても、民衆の立場から見てまちがっていると考えることについては、自分の立場をまげることはなかった。かれのささえとしたのは、国家の制度というような人工のものではなく、国家をつくりだすところの自然の法であったように思える。この地球の空気と土と水をともに使って助け合って暮らしてゆくという、自然の理法をふみにじるものには、法をやぶってでも、自分の生活をとおして抵抗しつづけてゆくという単純な考え方が、かれの政治の根本思想だった。そういう政治思想が、かれの同時代にかれと志を同じくする大きな運動をつくり得たとは言えないが、すくなくとも栃木県下にかれの死後もおなじ姿勢をもって社会に対する少数の人びとを

つくった。国権主義、軍国主義の支配下においてさえも、大衆の中に持続する少数派をつくったということが、かれの政治運動の遺産だったと言える。

かれの死後、一度は権力によって強制破壊された谷中村について、これを不当とする裁判がつづけられていたが、一九一九年になって、不当廉価買収の訴訟に勝った。これは小さな勝利にすぎず、資本主義のつくりだす公害はその後もなくなることはなかった。しかし、まさにそのゆえに、田中正造の抵抗の方法は、資本主義社会批判の独自の抵抗の方法として、栃木県下だけでなく、日本の国のさまざまな場所で求められるようになった。

横田英子——明治の代表的日本女性

松代《まつしろ》は今では長野県の一部になったが、明治以前には、一つの独立した藩だった。山に囲まれたこの城下町の気風をよそにしては、横田英子《よこたえいこ》の生涯は語れない。

この松代の町の長国寺《ちょうこくじ》という寺に、藩主真田《さなだ》家の代々の墓所があり、その藩主の墓に近く横田家の代々の墓がある。主君との間をむすぶ強いきずなは、横田家にとって、明治維新の変動にさいしても変わらない。

長州藩とか、薩摩藩のように、明治の新政府をつくった大藩の場合には、藩としての結びつきが、維新後も出世の手がかりとなり、有利にはたらいた。しかし、おおかたの小藩にとって、維新直後の時代には暮らしの見通しのつかぬ苦しい日がつづいた。

明治時代に宗教と文学にうちこんだ人びとの多くは、維新にさいして賊軍（朝廷に敵対する軍隊）と呼ばれた藩中から出ている。松代藩は、賊軍と呼ばれるほどに追いつめられた藩ではない。この藩出身の横田英子の場合には、キリスト教の信仰とか、ヨーロッパの近代文学の作品にふれるとかいうことではなく、彼女が子どもの時から教えられた旧藩士どうしの信義を、旧藩制度がくずれてしまってからも自分の毎日の導きの糸とする道を生きた。古いとされている忠と孝とが、彼女の場合には、日本に工業技術を入れる力として働き、自分の生涯を自分の意志できめて生きるという個性的な生き方のささえとなった。

幕末にさいして、松代藩は一〇万石の小藩である。この藩に属する士族は、二三六一人。知行《ちぎょう》（武士に支給される領地または米。扶持《ふち》）をもらっている上士《じょうし》はそのうち一一パーセントで二五八人だった。その知行の高《たか》は、一四〇〇石から一一〇〇石というような高禄《こうろく》のものが五人、一〇〇〇石から六〇〇石のものが七人。その一二人を除くと、あとはあまりたいした知行をもらっているわけではなく、五六〇・六石から一五六石までが七三人、一五五石から一〇〇石までが一一三人、九五石から二四石扶持までが六〇人だった。横田家は一五〇石だから、その上に一〇〇人ほどの高禄者がいるというところにいた。

武士階級のこの二五八家族にとっては、道でゆき会っても何家の第何女というふうにすぐにわかってしまい、だれかをだましたりすることはできない。おたがいに後ろ指をさされな

松代から富岡にかけての千曲川とその一帯

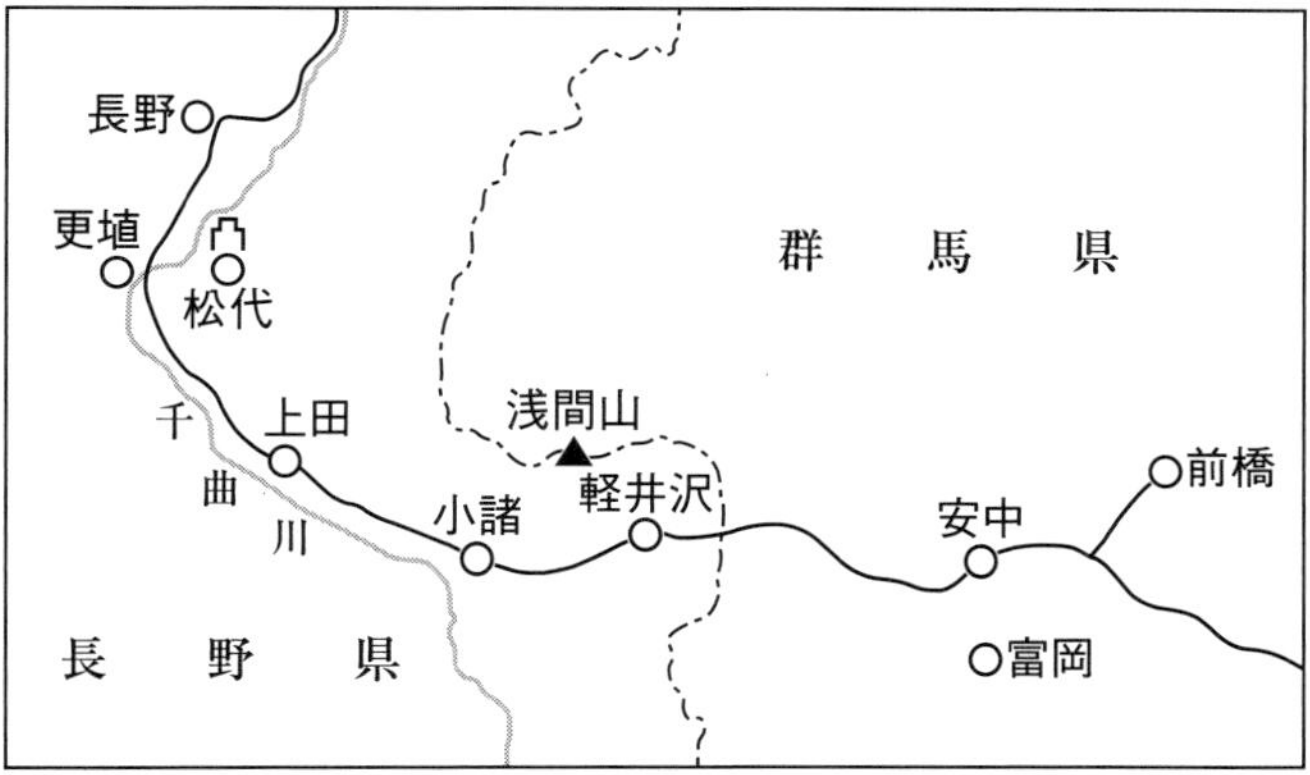

いように生きるということが、武士の家に育つものにとって当然の倫理だった。

武士のもらっている俸禄《ほうろく》は、明治維新の翌年に突然に減らされた。横田家の知行は、これまでの一五〇石から（改正玄米《げんまい》高）一七石一斗五升一合に減った。

同藩のものみなが同じように減ったということだけでいえば、この苦しさはしのぎやすかったが、横田家には他の家にない借財があったので、貧しさはひとしおだった。

話はさかのぼるが、横田英子の母にあたる亀代《きよ》子《こ》（一八三六―一九一〇）がまだ幼かったころに、横田家の家運は急にかたむいたのである。亀代子にとって兄にあたる九郎左衛門は、その父甚五左衛門と相談して、千曲川《ちくまがわ》に工事をおこす計画をたてた。越後（今の新潟県）から船で千曲川に乗り入れることができるように運河をつくろうというのである。時の藩主は真田幸貫《さなだゆきつら》といい、洋学者佐久間象山《さくまぞうざん》をおおいに用いた人であり、老中として幕府中央の政治にも加わっていた。若い九郎左衛門にたいして、藩主は象山のあとを継ぐものとして、その未来に望みをかけていた。

人間の考え方が、どのくらい血筋を通して伝わるものかはわからない。今日では、考え方や感じ方は、血筋によってきまるものとは考えられなくなった。だが横田亀代子の生きた江戸時代の末から明治のはじめにかけては、血筋が考え方をきめる大きな力と信じられていた。亀代子は、自分が母となってからも、子どもがすこし行儀が悪かったりすると、

「ご先祖様は、お大名であった。どんなに身分がさがって、今では人の家来になっているからといっても、行儀やことばをよくして、心を正しくもたなければ、ご先祖様にたいして申しわけがない。そんなようなことをして、ご先祖様にたいして恥ずかしいとは思いませんか」

と、強くしかった。

これは、その子英子の思い出である。幼い時にくり返されるこういう話が、どれほど大きな力を、人間の考え方にたいしてもつものか。このことの一つの実例を、私たちは横田英子の生涯に見る。ここでは、英子にそれほどの影響を与えた母親の亀代子が、自分の血筋をど

のように考えていたかをたどってみたい。英子の考え方をつくったのは、血筋そのものではなくて、血筋についての母親の考え方であり、家の中でくり返し語りつがれた横田家の「家の思想」なのだ。

横田家は、もとは独立の豪族だったと言われる。松代藩につかえるようになって、英子の祖父（亀代子には父）の代には、甲州《こうしゅう》流兵学の師範の家柄だった。この家に生まれた長男、九郎左衛門（一八二五―五二）は、家の学問であるこの甲州流の兵学を子どもの時から学んでいた。その兵学の基本は、

「どれほど兵隊がたくさんいても、その兵隊をささえる国そのものが富んでいなくては、兵隊を強くすることはできない」

ということにあった。富国強兵《ふこくきょうへい》という、明治にはいってから新政府のとなえた原則である。

この原則にもとづいて、九郎左衛門は、なんとかして自分の国（松代藩）を富ませたいと思った。しかし、松代藩は山に囲まれた小さい領土なので、豊かにするあてがない。そこで他の国々ではどういうふうにしているのかをまず見てまわりたいと思いたって、九州から東北まで、同藩の同志三、四人とともに旅をした。

「どこにまいってみても、港があって船の出入りしているところでなくては、国が豊かではありません。」

九郎左衛門は帰ってきて、父にそう言った。かんたんな知識だが、それがかれの長年の旅の結論だった。

「さいわい松代には、千曲川があります。これを利用して、越後との国ざかいに近い大滝《おおたき》をきりわり、越後と産物を交換したら、この土地も繁盛することでしょう。越後は大豆や小豆《あずき》のできない国です。松代の国ではお百姓がひきつぶしてこやしにする大豆をあちらに持って行って、あちらでとれるニシンやイワシなどのあまっている魚をもらってきてこちらの農家でこやしにするようにしたら、一挙両得というものです。」

父の甚五左衛門も、この意見に感心して、さっそく願書を書いて松代藩主にさしだした。藩主真田幸貫は、佐久間象山をひきたてたくらいだから工学ずきで、さっそく、横田親子の計画に許しをあたえた。さてその次には、徳川幕府の許しを得なくてはならぬ。これが難題だった。

この時代は、徳川幕府も終わりに近づいているころで、役人は賄賂《わいろ》をとった。横田甚五左衛門が松代から出ていって、松代藩留守居役を通して願書をさしだしたのだが、いっこうにこたえてくれない。その願書は、横田父子が越後の国の大滝まで出かけてあたらしく測量して地図をつくり、その調査にもとづいて苦心して書き上げたものなのだが、その計画がよくできているかどうかなどということは、幕府の役人の眼中にはない。願書は役人の手ににぎりつぶされそうになった。

甚五左衛門は幕府の役人のところだけでなく、自分の藩の留守居役のところまで、贈り物をもって何度も足をはこんだ。松代藩の留守居役までが、江戸ずまいということで、すっかり徳川幕府の役人の習慣になじんでおり、いなかから出てきた同族の者を低く見ていた。秩父縞《ちちぶじま》や八丈縞《はちじょうじま》などの高価な反物をもって留守居役の家に行っても、その妻が出てきて、

「おや、おきのどくな。よしなされればよいのに」

と軽く言って、わきのほうに品物をつきやって、別に礼を言うまでもなかったという。こんなふうで、やぼな、いなか者とバカにされながら、横田親子は自分の金をつぎこんで、進物をくり返しもっていっては、ともかく幕府の許しを取りつけたのだった。

徳川幕府は、船八〇そうの使用を許すこととなり、その一そうごとにかけるようにと、船の数だけの日の丸の旗が与えられた。

横田親子は、それから大滝にでかけて、工事にかかったが、ダイナマイトなどない時代のことで、岩はかたくてツルハシの一打ちでも、ほんの少し、おせんべいぐらいしかかけない。人夫を多くしても、なかなか仕事がはかどらない。何年もかかった末にどうやら船が通るようになって、松代から二里（約八キロ）ほどのところにある芝浦《しばうら》まで、越後の産物をつみこんだ帆かけ船がついた。その最初の船がついた時には、松代藩主は大喜びで、武田《たけだ》信玄《しんげん》ゆか

った。

りの武田菱《たけだびし》のついている「ひしのお茶屋」（田植のお茶屋）まで出むいて、そこから遠眼鏡で船のはいるのを見ていた。最初の船のもち帰った越後の産物は、まず藩主に献上し、さらに松代藩中の同志にわけて、これからは松代も繁盛するようになるだろうとおたがいに喜び合った。

　その後、川の両岸から岩が落ちてきて船が進めなくなることがあったので、もっと大がかりな工事が必要とされた。その時、

「大滝通船さしとめ」

という申し渡しが、徳川幕府からきた。その決定をくつがえすために、前と同じようにいろいろと役人への手をうってみたが、今度はそのかいもなかった。徳川幕府もその終わりにさしかかって、中央の支配があやしくなってきたところだから、松代のような地方の小藩が繁盛することに手を貸したくなくなったのであろう。

　越後との交通をひらいて面目をほどこした横田一門にとって、この徳川幕府の申し渡しはてひどい打撃だった。自分たちが言いだしてはじめた工事だから、長年の間、私財を持ち出して準備につぎこんでいたのだが、むなしいことになった。それればかりでなく、他の人びとをさそってお金を出させたり、力を出させたりしたことが今ではあだになって、

「山をするからだ」

とか、

「山師だ」

とか、あとあとまでも言われるようになった。

九郎左衛門は、気をとりなおして、もう一度学問をやりなおそうとし、江戸に出て昌平黌《しょうへいこう》（江戸幕府の儒学専門の最高学府。江戸学問所）にはいって政事学を学んだが、二年半ほどの勉強の後、卒業直前にチフスでなくなった。

あととりを失った横田家には、千曲川工事の時の借財と悪評が残った。松代藩家中の冷たい空気をはだに感じながら、横田一家は、身を寄せ合って耐えた。この時、親子のささえとなったのは、祖先以来、横田家が何であったかという伝説である。祖先が独立した大名であったということ。九郎左衛門が手本とした松代藩出身の洋学者、佐久間象山は偉大な人であるということ。九郎左衛門は松代藩を繁盛させる目的で偉大な仕事をしたのだが、幕府にさまたげられて終わったということなど。

「九郎左衛門のなくなったのは、寿命だとは言えない。幕府があんなひどいことをしなければ、九郎左衛門は江戸に出てゆくこともなかったはずだ。松代のこの家にいれば、チフスにもならなかっただろう。工事の成功を見ながら、その仕事の継続をさし止められるということさえなければ、山師だなどと言われることもないのに。」

九郎左衛門の死後、父母はくり返し、このことを言っては、(同藩ではなく) 徳川幕府の非道をうらんだ。父は、もともと気が短かったのに、むすこの死後ますますその短気がつのり、一家には重苦しい空気がいつもあった。どうしてもあとに残された妹の亀代子が、九郎左衛門の理想を受け継がなくてはならないことになった。横田家は、亀代子に数馬《かずま》というムコを迎えて養子とした。しかし、この人は、なにかにつけて九郎左衛門の秀才ぶりと比べられるので、養父との折り合いがわるく、妻の亀代子は、父母との間をとりもつのに苦労した。明治にはいってから、数馬が家の外に妾《めかけ》をもったのも、家庭内におけるこのめぐまれない役割へのはけ口だったかもしれない。こうして、亀代子と数馬との間に生まれた子どもたちは、若く死んだ伯父《おじ》を理想として生きることを母親から教えられる。

山師の家だという藩内の悪評と、一五〇石の知行にさえふさわしくない貧乏とは、幼い英子たち姉弟に、自分たちの内部の力によってたつことを強いた。その内部の力とは、横田家の家の理想であり、それが現実の貧乏を美化し、耐えやすいものとした。ふつうには、家の力が個人の力を圧迫して、その内面的な力の成長をさまたげるものだろうが、横田英子の場合には、家が彼女の内面の力をつくっていった。

安政《あんせい》四年(一八五七年)八月二一日に、横田英子は、横田数馬と亀代子の二女として、松

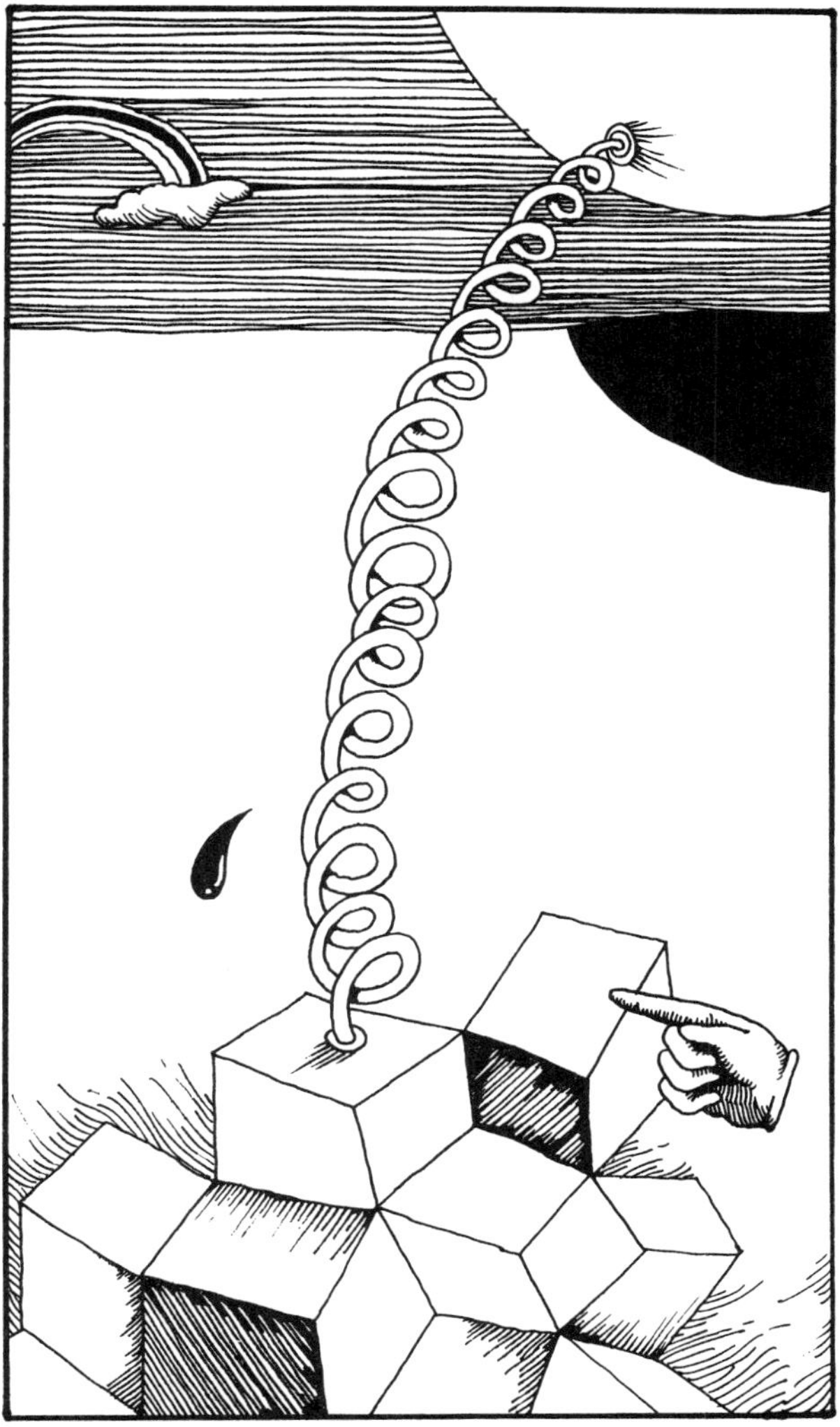

代に生まれた。『我が母の躾《しつけ》・女訓』という小さい本が、日米戦争前夜の一九四一年九月一〇日に和田英、佐久間象山共著という形で、信濃毎日新聞社出版部から出ており、その中に、亀代子が子どもの英子に与えたしつけのようすが語られている。象山との共著という形をとったのは、横田亀代子と佐久間象山とが、この同じ松代の出身であったという郷土の関心から出たからであり、また横田亀代子の娘英子が佐久間象山の姪《めい》の子和田盛治の嫁となって、両家は親戚《しんせき》として一つの家系を構成するようになったためでもあろう。象山を理想とした横田家の語りつたえの系譜がこの小著にはからずも実現している。

第一条は、「恥ずかしいと思わぬか」である。

亀代子が子どもたちをしかる時には、口ぐせのようにこのことばが出たらしい。

その恥ずかしいという考え方は、隣近所の人に、貧しい身なりをしているところを見られて、恥ずかしいというのとは正反対で、いつも、「貧乏は恥ではない」と家の中で考えられていたし、武士仲間が「横田の家は山師だ」などという悪口をはねかえすほどの力をもつものだった。子どもが行儀がわるい時などに、いつもご先祖様をもちだしてしかるという流儀であり、ご先祖様にたいして恥ずかしくないかとたたみこんで言われる時、そのご先祖様はすでに死んで形もなくなっているものだから、つまり、自分の心の中にいる正邪の尺度ということになるのだった。

だれひとり実際に見ている人がなくとも、自分の中にいるご先祖様が見てよいと思うかどうかが、善悪の規準となる。だから、「心に恥じぬようなおこないをせよ」ということと同じである。

「なにごとをなすにも、わが身のおこないを、自分ほど知っているものはない。善きことをなすも悪しきことをなすも、人より第一番に知っているものは自分だから、わが心に恥じぬおこないをせよ。」

「いつわりをもうすは火のようなものだ」といって、火が小さいからといってすてておくと家も焼くようになり、やがて他人の家までもやしてしまう。だから、子どものどんなに小さいうそでも見つけると、きびしい仕置きをくわえた。

今は目だたぬうそでも、やがて自分自身をほろぼすことになるかもしれないし、人さまにご迷惑をかけることになるかもしれないと言った。百人一首をしても、ずるいことをして勝ってはいけない。負けるにも、勝つにも、りっぱにするようにと申し聞かされた。

うそをつくというのも、他人との関係に現われた形が問題なのではなく、自分にたいしてうそをつくかどうかが、まず問われなくてはならない。

人とわば鷺《さぎ》を烏《からす》と言いもせめ
　心が問わば何とこたえん
人知らぬ心に恥よ恥じてこそ
　ついに恥じなき身とはなりなん

この二首の古歌を、亀代子は子どもたちにいつもいつも聞かせたそうで、英子は、生涯この歌を忘れることがなかった。

うそを言うな、と子どもにいくらことばで言ったところで、もし親自身がうそを言ったとしたら、子どもはきくものではない。亀代子は、子どもに自分がうそを言わないようにした。おもちゃひとつにしても、あげるといったからには、なんとしてでも、やらなくてはいけない。どこかにつれていってやるというふうな約束にしても、いったん約束したら、必ず守るようにした。

そうかといって、いつもきまじめで、きむずかしくしていたわけではなく、しかる時のほかは、あかるい気分の人だった。とても話ずきで、大病の時ででもなければ黙っているということはなかった。古今の忠臣、孝子、名将、勇士、勇婦、節婦の物語を、子どもに話してくれた。名将、勇士のところまでは講談によく出てくるが、おなじ比重で勇婦、節婦がおかれているのは特徴的で、この家では勇気と信義は男だけに必要なものとは考えられていないのだった。

子どもは、諸育《もろそだ》ちということを、亀代子は言った。子どもはたくさんいても、おたがいに助け合って育ってゆくから、それほど親の手がかからないというのだった。だから、一番上の子だけをちゃんとしつけて育てておけば、あとのものは、総領を見ならって育ってゆくから心配はいらない。英子は、一番上ではなかったので、亀代子が全力をつくしてきびしく育てるということはなく、そのためにかえって、母親のおもしろい面が記憶によく残っているのかもしれない。しかし、それでも親の言うことには、かならず従うようにしつけられた。親だけでなく、目上のものには敬意をもって対し、口ごたえせぬようにと強くしつけられた。

目下のものに無理を言ってはいけない。それから、年下のものと争ってはいけない。目上とか、目下とか言われても、今の人にはわかりにくいかもしれないが、江戸時代にはこんなふうに上下の序列として人を見ることがふつうだった。江戸時代の女性だった亀代子とおなじく、明治に育った英子もまた、この上下の序列で人をみるということを忘れることはできなかった。あくまでもそのわくのなかで、下のものに思いやりのある人になるようにと心がけた。

上下のえらい順は別としても、人のいるところで、相手のいやがる話題はけっして口にのぼせてはいけないということも、やかましく言われた。

「おおぜい寄り合った時に、自分が口をひらく前に、一座にだれがいるかをよく見きわめて、自分がしようと思う話を好まない人がいると思ったら、その話をはじめないようにしたほうがいい。人のいやがる話はしないというのが、女のたしなみです。」

これは、英子たち、女の子どもに、とくにやかましく言われたことだった。これは、ご先祖様に恥ずかしくないように生きよという理想論とちがって、処世術であるが、そういう処世術は、英子がのちに、工場にはいって集団生活をするようになってから、またさらに後になって家庭の人になってから、役にたった。

亀代子が話ずきだったことは前に書いたが、話したり笑ったりして、ふだんはこわい顔を見せることがなく、実にたのしかったという。英子たちが、つまらないような顔をしていると、

「そんな顔をするようでは、嫁入りしても三日もいられぬ」

と言った。

女の子は、五、六歳のころから自分のふとんのあげおろしから着物の始末までを、他人の手を借りずにするようにしつけられた。

「どんな家にお嫁にゆくにしても、女は物を粗末にしないことがたいせつです。

「あの高砂《たかさご》のおじいさんとおばあさんを見てごらん。あんなに年をとるまで生きているからめでたいというのではありませんよ。

「若い時から夫婦共稼ぎをして、だんなさんは熊手でおおきくかき集め、奥さんは残ったこまかいものに心を配って、ほうきで掃きよせ、ふたりしてつつましく、ともに頭が白くなるまで、やはり働いているからめでたいのです。

「こういう共働きの老人夫婦を、身分の高いかたがたのご婚礼の席にまでおかざりあそばすのは、このじいさん、ばあさんのように、みんながともに白髪になるまでむつまじくよく働いて、きげんよく長生きするようにと、むかしの人が考えたことなのです。

「年ばかりとっても、遊んで寝ているような人だったならば、婚礼という人間一代のおめでたい席にかざられるはずがありません。」

このような家庭のしつけのあとに、和田英子の工場生活があった。

明治五年（一八七二年）、政府は群馬県の富岡《とみおか》町に、蒸気機械を使った製糸工場をつくった。ところが、工場はできたものの、工場で働く人がいない。

そのころ英子の父、横田数馬は松代の区長をしていた。そこに中央政府のお達しとして、長野県県庁から松代区長あてに、一五歳から三〇歳までの工女を一〇人から一五人くらいまでにかぎってさし出すべしと言ってきた。
もともとこの富岡工場は、政府が外人技師を招いて富岡につくったもので、そこにはポール・ブリューナ（一八四〇—一九〇八）というフランス人が、自分の家族やほかの技師たち、医者などをつれて住みついていた。開国以来日の浅い明治六年（一八七三年）の長野県では、外国人にたいする恐れがつよく、工女になると外人に血をしぼられるとか油をしぼられるというう
わさが流れて、山を越えて群馬県まで行くと申し出るものはなかった。
「区長のところに、ちょうど年ごろの娘がいるではないか。その娘を工女にさし出さないというのは、むこうにいったら血やあぶらをしぼられるという何よりの証拠だ」
というう
わさまで、区長の耳にとどいた。そこで数馬も決心して、自分の娘を出すことにした。それにつづいて、自分も行くという人が一六人あらわれた。
英子は、横田家の次女で、そのころ一六歳。長女寿子《ひさこ》は、真田家にすでに嫁にいっていたので、英子がその時、区長の家に残された子どもたちの中の総領である。英子は、前の年に和田盛治と結婚する約束がととのっていたが、和田家も、英子の富岡行きをゆるしてくれ、英子にとっては義理の姉となるべき初子という二四歳の女性も、和田家から一行にくわわることになった。このことから見ても、この富岡行きが旧松代藩士にとって、大きな事業であったことがうかがえる。

出立の日が近づくと、数馬は娘をよんで、

「さて、このたびおまえを富岡ご製糸場につかわすについては、よく身をつつしんで、国の名、家の名をおとさぬように心を用いるようにしてほしい。工場にはいったあとは、心をつくして仕事をおぼえて、やがてはこの松代のほうにも、おなじような工場をつくるつもりだから、その時に役にたつようにしてきておくれ」

と言った。

母親の亀代子は、

「このたび、おまえを遠くへ手ばなしてつかわすからには、つねづね教えてきたことをよく守らなければならないよ。男の人もたくさんおいでになるのだろうから、万一そこで身をもちくずすようなことがあっては、ご先祖様にたいして申しわけない。父上や私の名を汚すようなことをしてはいけません。」

英子は母にこたえて、

「母上さま、けっしてご心配くださいますな。たとい男一〇〇〇人の中へ私ひとりはいっておりましても、暴力をふるってかかってこられる時にはわかりませんけれども、心さえたしかにもっておりますれば、身を汚したりご両親のお顔にさわるようなことはけっしていたしません。」

これで母は安心したと言った。
嫁にいっているので自分では同行できない姉の寿子は、歌を一首書いて、英子にくれた。

乱れても月に昔の影は添う
　など忘るなよ　しき島の道

この歌にあるように、若い女性たちの富岡工場入りは、外国人と直接に対面することであり、異国文化をとり入れる壮挙として期待されているとともに、外国文化にまよわされて、日本人としての心がまえを失ってしまうのではないかという不安を郷里の人たちにもたれていたのである。
横田家には、もとは武士の家から出た山越小三太という人が、下僕としてつかえていた。この人も、歌を一首、短冊に書いて英子に贈った。

曇《くも》りなき大和心《やまとごころ》のかがみには
　うつすも安き　こと国の業《わざ》

日本精神は、透き通ったガラスのようなもので、学びとろうとする異国の精神を、ゆがめることなくはっきりとそのままにうつすという力をそなえている。こうした日本文化についての見識が、この下僕の歌にあらわれている。そういう見識をこの人から引き出すような事件として、横田英子たちの富岡工場入りは、松代の郷党の人びとにうつった。余談になるが、この山越小三太はのちに自由民権運動の論客となり、家をなさずにその生涯を終えた。

明治六年（一八七三年）二月二六日の朝七時、一行一六名は、数人の父兄につきそわれて松代の町をはなれた。

家を出る時の英子の服装は、父が戊辰戦争にさいして松代藩を代表して甲州（今の山梨県）の城を受け取りに行った時につくった中黒ラシャの筒袖《つつそで》、紺地《こんじ》に藤色のおりだしのある糸織《いとおり》、いいどんすの義経袴《よしつねばかま》（ひもとすそには紫縮緬《むらさきちりめん》がつけてあった）、その下には赤スコッチのメリヤスを着込み、上には真田公から拝領した祖母ゆずりのうちかけ黒縮緬《くろちりめん》に五つ紋所を縫いなおした羽織を着た。父は大きい太った人だったから、その筒袖を、なおさずに一六歳の娘が着たところは、異様ないでたちだっただろう。西洋人のいるところだからメリヤスと筒袖がよいだろうということで、こういう服を着せられたのだった。英子にとっても、横田家にとっても、これは特別の日だった。また松代藩にとっても、日本国民にとっても、それは記念すべき日だった。

その本業の糸とりには、英子たちはなかなか回してもらえなかった。はじめはまゆより場に置かれ、広いテーブルにならんで、よいまゆを選びわける仕事をおしえられた。

松代からはるばる出てきて、はじめて富岡工場の前にたった時には、工場の大きなレンガづくりの建物が、まるで錦絵《にしきえ》でも見るように美しく見えたが、その中にはいって働いていると、今まで住みなれてきた日本風の風通しのよい建物とちがって窓は高く小さくて、そばにうずたかくつみ上げられたまゆのにおいがむせ返るようで苦しかった。となりの人と話しなどしていると、見回りがきて、止められた。ベランというフランス人がやってきて、そういうところを見つけると、

「日本娘、たくさんナマケモノアリマス」

と、かたことまじりで、強くしかった。

だんだんに暖かい季節になって、ハエが出てきた。だれがしはじめたのか、そのハエの羽根をもぎとって、背中に「みご」(稲わらの芯)の小さいのをさして、まゆを一つぶつけて引かせてみせた。単調な仕事で、ねむけに苦しんでいる同輩は大喜びだった。おいおい、みながそれをするようになって、模範生気質の英子も、「みご」に小さい紙をつけて、ちょうど旗をたてたようにして、ハエの見世物の興行をした。日本人の見回りがやってきて、それを見つけて思わずふきだしたが、やがてまじめな顔になって、

「これはだれがしたことか」

と一同にたずねた。

「存じません」

と一同はつっぱねて、その場はきりぬけたが、それからは、このささやかなサーカスの楽しみもなくなった。

来る日も、来る日も、一同は、この単調な仕事に明け暮れしつつ、やがては西洋の機械を使って糸とりをする日が来ることを願っていた。見回りの人の言うことでは、山口県の人びとの到着とともに、糸とりに回るようになるだろうということだった。ところが、待ちに待った山口県の工女が到着すると、その人びとだけはすぐに糸とりの仕事場にまわされ、英子たちには何の知らせもなかった。

昼休みには食事ものどに通さないぐらい早々にすませて、松代の仲間は英子の部屋に集まり、

「こんなにエコヒイキをされるのでは、これから、どんなことになるかわからない」

とか、

「両親が気がすすまないのに、私がそれをおしきって来たものだから、罰があたったのだ」

とか言って、たたみに顔をつけて泣いた。そう言われると、英子は、自分の父が区長として

すすんで松代の家中を説いてまわったのだから、自分にとくに責任があるような気がして苦しかった。

そこに見回りの役人がきて部屋をのぞきこんで、なにごとかと尋ねたので、英子は、自分も目を泣きはらしていたが、これは黙っている場合ではないと感じて、

「実はみんな糸とり場にまいりたいと存じまして、先日見回りの方にうかがいましたら、山口県の方がおいでしだい、いっしょに出してやるということでしたので、それをたよりに一心不乱に精を出しておりましたところ、山口県の方は一日もまゆよりをなさらず、すぐに糸とりにおいでになりました。あまり残念に存じまして、一同泣いているところでございます」

と、恥ずかしいことなど気にもかけずに、役人に申し立てた。役人は困ったようすだったが、

「どういう事情か、糸とり場のほうに問い合わせるから、きょうのところはきげんをなおして工場に出るように」

と言った。

そのうちに昼休みの時間も終わり、仕事はじめの笛がなったので、松代の一同は工場に出てゆき、泣いたあとの顔を見せぬように、みな下をむいて黙って仕事をして、その日を終えた。どんなにつらい思いをしても親元には言わないことにしていたので、このことを手紙に書いて国元にしらせる人はなかった。

役人に言ったと同じ苦情を、工場の見回りの人にうったえると、

「おまえがたの申されるのは実にもっともであるが、このたびのことは西洋人のまちがいをしたことから出たので、この次こそは都合《つごう》してあげるから、そんなに腹をたてずにいておくれ」

ということだった。それから四、五日すると、松代の一行のうち七、八人が指さされ、ついてくるように言われて糸とり工場につれてゆかれた。

そのころの富岡工場には釜の数が三〇〇あった。そのうち二〇〇釜だけに人がついて動いていた。英子は、西から一〇〇釜分の一等台というところに置かれ、糸あげ場の大わく三個を受けもつことになった。まず小わくからあげて水にしめし、棒にさして小わくの六角の上にシンチューのまるい板がねをのせる。それから大わくにかけるのだが、それがめんどうな仕事で、つなぎ目はごく小さく切らねばならず、横糸が出てはいけない。手順を教えてくれたのは、英子より年下の人で、やさしく、ていねいだった。師匠ばなれをして、英子ひとりで仕事をすることになったが、糸が切れるのに困った。

英子は、家にいたころからつねづね神信心《かみしんじん》をしていた。英子の母は神信心を好まぬ人だったので、このことは家庭内での英子独自の行動だった。毎朝、人より一時間早く起きて、両親姉弟そのほかのことを一朝もかかさず祈ることにしてきた。この時にも神の力を願うほか

ないと思って、糸をあげながらそれが切れぬように、

「なむ天照皇大神宮《てんしようこうだいじんぐう》様、この糸の切れませんよう願います」

と、大わくと大わくの間の板に腰をかけて糸を見つめ、両手を合わせて指と指とをくんで、大声に念じつづけた。工場内の蒸気の音はひどく大きいから、なまじっかの声ではそばの人にも聞こえないのだけれども、毎日毎日そんなことをしているものだから、通る人があやしむようになった。

糸をしめしに釜のところにいった時に、となりの釜にいる静岡県の人でもと旗本の今井おけいという人から、

「あなたは毎日毎日なにを言っておいでになるのです」

と、たずねられた。

他人に言うべきことではないと思うので、英子はわらって答えなかったが、糸をしめしに行くたびにやさしく聞かれるので、黙っているわけにゆかなくなり、

「実は糸が切れて切れて困りますから、大神宮様を信心しているのであります」

というと、おけいが、

「私が、切れぬように注意して糸をとってあげるから、あげてください」

と言ってくれた。そしてとなりの釜の人にも話してくれたので、その人も、英子をよんで釜

からよい糸をあげてくれた。それからは、たいそう仕事が楽になって、これもひとえに神のおめぐみと思ってうれしかった。

それからしばらくたって、見回りからまた指をさされ、これまでの糸あげ仕事からはなれて待望の糸とりの仕事の仲間入りをすることができた。

はじめての日に英子に糸とりの仕事を教えてくれた人は、西洋人からの直伝でこの仕事をならったという入沢筆という女性だった。入沢は被差別部落出身の人だった。フランスの技術者は、そういう差別にこだわらず、むしろ日本社会での差別をうちくだくように、入沢を教育したのであろう。部落への差別を廃止する法律を明治政府が制定した明治四年から二年後のことである。

入沢筆は、実にやさしく英子に教えてくれた。工場から帰る時には英子の手をとって、妹のようにしてくれた。こんなにやさしい、尊敬できる人にめぐりあったのは、信心の徳だと英子は思った。

あくる日は入沢が休んでいたので、群馬県安中《あんなか》の松原お芳《よし》という、英子と同年輩くらいの美しい人が、入沢とおなじように英子に教えてくれた。その日と、そのまたあくる日、英子はつづけて松原お芳に仕事をならった。その時、新しい釜にあきができたので、英子はいよいよ独立して仕事をすることになった。

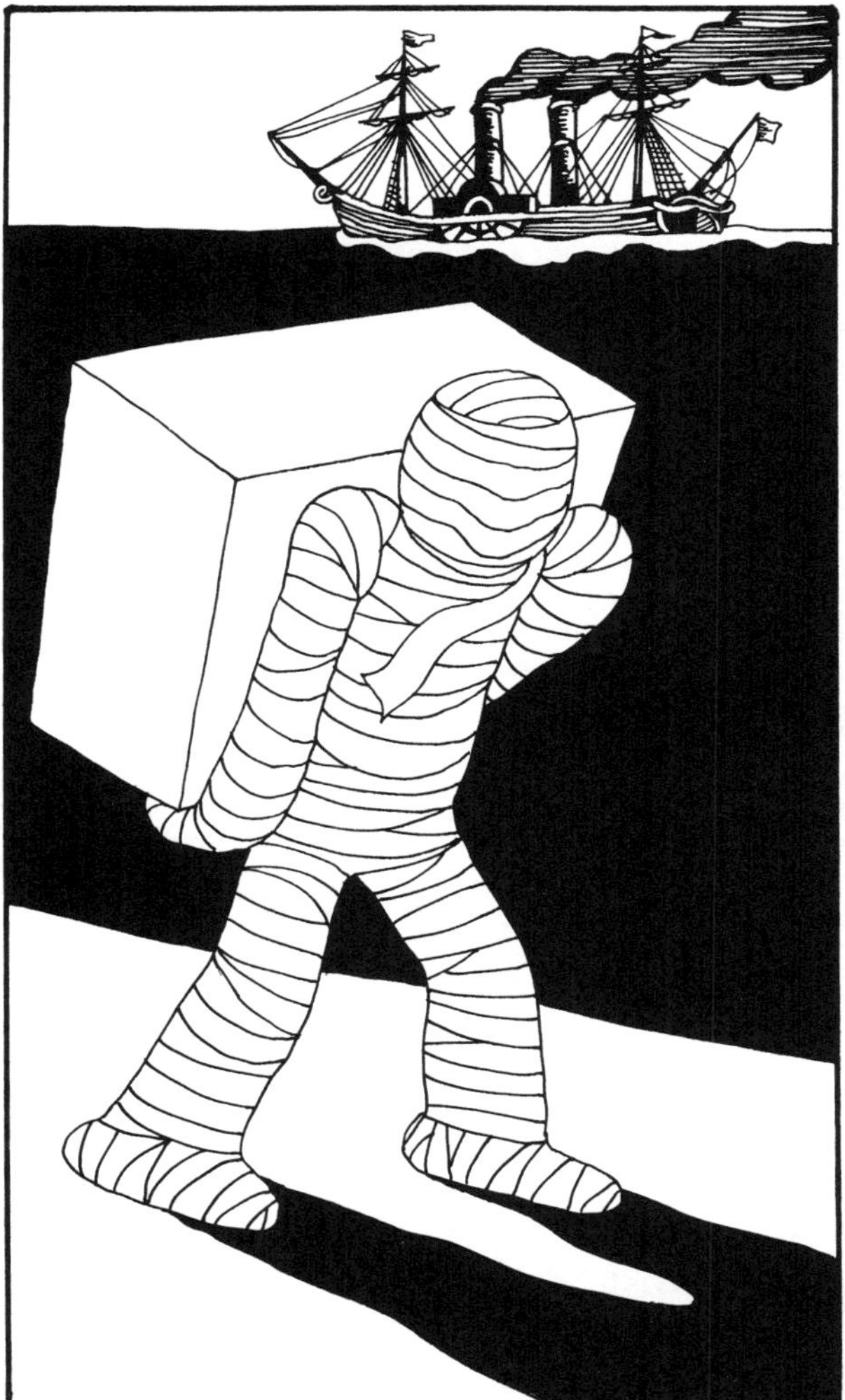

見習いの期間が終わると、教えてくれた人にお礼を言いにゆくことが、富岡工場でのしきたりだった。英子はこの時、入沢筆と松原お芳の両方に、お礼に行った。

工女のあいだでは、

「あなたは、だれの弟子?」

と、おたがいにたずねることが普通だったが、そんな時に英子は、

「私は、松原さんの弟子」

とこたえることにしていた。入沢さんの弟子とこたえることはなかった。というのは、英子が二人にお礼に行く前に、だれかが入沢筆は新平民だとつげるものがあったからである。

松代藩の家庭を出てから、わずか数か月のあいだにこの一六歳の少女は、当時の日本の社会の構造の全体にふれることになった。長州閥の新政府の支配層から被差別部落という出身層のひろがりがそこにあった。

明治六年のこの工場生活のことを、私は今、横田英子が当時から三五年後にはじめて書いた記録によって、書いている。その原文をひくと、

すべて師弟の間はたがいに親しみまして、弟子が昇給いたしますと非常に喜んでくださいますほどでありますから、なるべく出はいりにも見つけて手をひきあいます。一日

の師弟ではありますが、入沢さんもやはり私に出会いますと手をおひきになります。私ははじめての師でありますから殊《こと》にうやまっておりましたが、心中ひとが何とか申しはせぬかと心ぐるしく存じました。今考えますと、実にすまぬことを思ったものだと悔《く》いております。

このくだりは、英子の『富岡日記』の中でもっともたいせつなところであり、ここに英子の誠実さが、その不足の部分とともに、はっきりと表われている。このことに、三五年後、彼女は触れなくともよかった。思いのままにむかしの工場時代の自分を美しくえがくこともできたはずである。このあとにつづいて英子は、「明治六年ごろは開けませんから」といって、そのころの差別の不当について述べているのだが、このことを記録に書いていた明治四〇年（一九〇七年）の日本でも、その差別がなくなっていたということはない。この年は、差別反対の全国運動の母体となった全国水平社《ぜんこくすいへいしゃ》ができる一五年も前にあたる。

彼女が入沢筆にたいして示した態度は、今日から見てなまぬるくも見えよう。しかし、そのいたらなさの自覚を三五年後もはっきりと心にとどめて書いた横田英子を、私は偉大な人だと感じる。

英子の母は、子どものころの英子に、「恩を受けたことを忘れてはならぬ」と言った。

「親切にしてくれた人、世話になった人を終世忘れてはならぬ。これらを忘れる時は、身をほろぼすもとで、鳥けものに同じことだ。時を見て、恩返しをするよう心がけねばならぬ。」

母のしつけは、富岡工場のまじわりの中で、新しい生命をあたえられた。


富岡工場創立にさいしては、北海道、群馬県、栃木県、埼玉県、静岡県、山口県などから四〇〇人あまり（後には六〇〇～七〇〇人）の女性が集まってきていた。長野県がいちばんの大部隊で総勢二〇〇人くらいいた。夕涼みの盆踊りの合戦では、長野県風の盆踊りが一座を圧したが、やがて、明治政府の中心をしめる長州閥をうしろだてにもつ山口県の三〇人ほどのグループの盆踊りに役人たちが加わるようになって、そちらのほうが勢力を増した。もともと、仕事のあたえかたについても、山口県は優先的によい役をあたえられてきたことへの不平不満が一同にあったので、それと結びついて、盆踊りの対立は、けわしいものになった。

この時、英子は、

「どう見ても、山口県の踊りのほうが長野県のおどりよりも高尚であるし、こんなつまらぬことであらそってもなんの利益もないのだから、これからは、私は見物だけすることにして、もう踊りません」

と言って、やめてしまった。英子のまねをするものは多くなり、やがて長野県風の踊りはなくなった。同県のものから見れば、英子のこの態度は、はがゆいと感じられただろうけれども、踊りなどのことであらそって、本業の糸とりにさしさわりができるようでは、かえって郷党の人びとにすまないことになると考えて、山口県の人びとに勢力をうばわれても恥ずかしいと感じなかった。

　ここには支配層である長州閥にゆずるという英子の処世術が見られ、彼女が、反乱を起こす側にはけっして立たない人であることを示している。同時に、保守的であるとは言え、英子の生き方は、ただ支配層にとりいって立身出世してゆけばいいという考え方とははっきり区別される独自の内面性にうらうちされていた。

　一人前の糸とりになってからは、たいへんな競争で、競争は反目を生んだ。そのころ、一等工女の普通にくる糸は、ます数にして四升くらいとなっていたが、英子は努力して、八升とった。富岡工場の中でも、もっともすぐれた工女の一人であった。英子は、かの女がたくさん糸をとるのは、きまりより多くまゆを機械につけるからだろうなどと陰口をきかれても、黙っていることにした。仕事だけが、雄弁な答えである。

「けっしてうらみを返し、また仕返しをしてはならぬ」という母の日常のおしえが、今家を遠くはなれて、日本全国の人びとのあいだに立ちまじって働くうちに、英子にとって新しい意味をもつようになった。

明治六年（一八七三年）六月二四日、皇太后と皇后の富岡工場視察があったことは、英子たちにとって、大きな事件だった。

この時、お顔を見なければ、一生のあいだ、もう見ることはできないと思って、英子は、少し頭をあげて、皇后と皇太后とを見た。

「この時のありがたさ、ただいままで一日も忘れたことはありませぬ。わたしはこの時、もはや神様とよりほか思いませんでした。」

工場にはこの時六〇〇人ほどの工女がいた。なかには、おなじく女である英子から見てもずいぶん美しいと日ごろ思っていた人もあったが、その人の顔も、この行啓《ぎょうけい》の日に見ると、土気色になっていたのにおどろいた。

さらに五年たって、明治一一年（一八七八年）九月九日、長野県の製糸工場で、英子は明治天皇の前で、模範工女として糸をとる実演をした。

明治のはじめには天皇・皇后にとって、工場の創立が大きな冒険であり、うまくゆくかどうかについて大きな不安と期待とをもっていた。国家の元首がいだく期待と不安とが、そのままじかに工女たちにつたわってくるような状況が、明治のはじめにはあった。その期待にこたえて、英子たちは、政府のかかげる富国強兵の理想にむかって生涯を通して歩きつづけた。英子たちが感じとったのは、大正以後の大国日本の政府が国民にたいしてあたえた居丈高な要請ではなく、天皇・皇后が不安と期待をもって自分のすることを見守っているという実感だった。ここにはなにか天皇、皇后と工女とがともに一つの心臓の鼓動によって結ばれているという確信があった。

富岡工場でつくった生糸は一八七三年五月、オーストリアのウィーンでひらかれた万国博覧会で第二等進歩賞をあたえられた。これは英子が一等工女になる前のことで、英子の先輩の工女の仕事にあたえられた栄誉である。

富岡工場は、今も群馬県富岡市に、昔とかわらぬ姿でのこっている。そのひろびろとした建物の中に機械をならべて日本全国からきた約一〇〇人もの若い工女が競争で糸をとっているところ、それを皇后・皇太后が見てまわるところを想像すると、日本の国家全体のしくみが一つのミニアチュア（縮小模型）として、この一六歳の少女の心に焼きつけられたと言ってよいと思う。

あくる年の明治七年（一八七四年）七月七日、英子たちは富岡工場をはなれて、こんどは生まれ故郷に、政府の力ではなく民間の力で工場を建てるために帰ってゆく。

松代町の南にある西条村《にしじょう》字六工《あざろっく》に西条村器械製糸工場（のちに六工社《ろっこうしゃ》と改名）が一八七四年七月に建てられた。この工場を、まだ一七歳にしかなっていない英子を中心とする少女たちが、はたして動かしていけるかどうかが、英子たちには心配でならなかった。

そのころは一〇日ごとに一日の休みがあって、その前の晩から家に帰って次の一日はゆっくりと家で過ごすのだったが、朝早起きして松代から西条へ通う道で、子どもが英子たちを見たりすると、

「ぶた、ぶた」

と呼んで、太っているのをからかったりした。「ぶた」と呼ばれるくらいは平気だったが、それにつづけて、

「やめておくれよ、西条のきかい、末は雲助《くもすけ》まるはだか」（雲助は、かごかき。ほんのわずかの着物をきて、かごをかついだ。そのまるはだかに、破産の意味をかけた歌）

という都々逸《どどいつ》を歌ってあざわらうのをきくと、この歌が自分たちの前途を言いあてているような気がして、身の毛がよだつ思いだった。こんどもまた、英子の父などが先にたって郷里の人びとを説いて、この工場を西条に建てたのだが、もしこの工場の経営がなりたたぬ時には、資本を出してくれた故郷の人びとにたいして、英子たちは顔むけできない。

六工社への出資者は六名の士族と二名の平民から成り、中心は士族だったが、頭取の大里《おおさと》忠一郎《ただいちろう》は、士族とはいえ、農家に生まれて養子縁組で最下層の武士となった人であり、農家とのつながりが深かった。五〇人どりの機械を動かす工女は、もはや士族をこえた家々から集まっていた。これは、郷里の人びとにとって、士族と平民の区別をこえて、この土地に文

明をむかえて生計の道を見いだすための一つの賭《か》けだった。

松代を出て富岡にむかう時には、英子は武士の娘としての決意をもって出発したが、西条の六工社にむかって松代の生家を出る時には、もはや士族などという身分よりも、ひろく郷里の人びとのすべてにたいする自分の責任を感じた。もし技術指南役としての自分の力不足のために工場が立ち行かなくなるとしたら、六工社にむかう道にたっているこの家、あの家の生活をあやうい目におとしいれることになる。

ともかくも最初の年は暮れて、明治七年の仕事じまいとなった。一二月一二日に、唐糸縞《からいとじま》の黒地に濃黄鼠《こきねずみ》の三筋《みすじ》立てのお仕着せが、富岡帰りの横田英子、和田初子から今度はじめてここで工場入りした一〇歳の少工女まで、一律にみんなにわたされた。

それから仕事じまいの宴会がひらかれ、経営の代表者大里忠一郎から英子に、

「だんだん（ご努力のほど、いろいろ）、ありがとうございました」

と、あいさつがあって、盃《さかずき》をあたえられた。それから一座の工女たちが、それぞれ英子のところに盃をもってくるので、えい、自分も酒飲みの父親の娘だ、ひとつ試してやれと腹をきめて、五、六〇パイも飲んだ。それでも乱れることもなく、あとでご飯を食べてねむったというから、修身の模範からいくらかはずれた、おもしろいところのある娘だったと言えよう。

一二月一三日に松代の家に帰り、弟妹の世話と正月のしたくに毎日をおくっていると、経

営者代表の大里忠一郎があらわれて、

「年内はいろいろご心配をかけまして、ありがとうぞんじます。お英さんには、格別ご苦労ねがいまして、おかげでどうやらこうやら首尾よく今年度の仕事じまいまでこぎつけることができました。なんとかお礼のいたしようも存じてはいますが、なにを申すも、いまだ見込みも立たぬようなしだいで、心にまかせません。これは、社中一同の志のしるしまでありますが、なにとぞ、おはながみでもお求めくだされますように」

と、口上をのべて、御礼金五円、六工社、と上書きした包みをさしだした。英子は、それまでお礼の金がくるとは思っていなかったが、それをもらったらなにかそのお金で自分のものをこしらえてもらえるだろうなどと考えてうれしかった。ところが、母の亀代子は、

「これは思いもよらぬご心配をあそばしてくださいます。いまだご利益もあがらぬうちに、お礼などは思いもよらぬこと。おぼしめしはいただいたも同じですから、お持ち帰りをねがいます」

と言って、包みを大里にもどした。

「そのように仰せられては、私が困ります。これは、私が一存でいたしたことではない。会社を代表して、私がうかがいました。これを私が持ち帰りましては、一同にたいしてもすまぬから、ぜひお納めをねがいたい。」

それでも、母は、

「いや、これはどうあってもいただくわけにはまいりません。もとより数馬がおすすめもうしてお始めになりました六工社、数馬がおてつだいでもいたすべきところ、娘が少々働きましたくらいにお礼などをいただきますことは、けっしてできません。やがて、お利益のありましたうえに、おぼしめしとありますれば、ご遠慮なく頂戴《ちょうだい》いたしますが、このたびは、ひらにお持ち帰りをねがいます。」

お金の包みは、大里と亀代子の二人の間をあちらにこちらにと動くばかりで、きりがない。

とうとう、亀代子のほうが根気が尽きて、

「そのように仰せられますなら、数馬がなんと申しますか、帰宅いたしますまでおあずかりもうします」

ということになった。

英子は、両親の手からはなれて、自分の手で働いて得たお金で、なにか自分のものを買ってみたいと心の中で思っていたが、横田家では、親が子に相談をもちかけた時のほかには、子が自分の意見を言うことは許されない。このお金について、母も英子も、一言もいわずに、父の帰宅を待った。やがて数馬が帰ってくると、もちろん、母とおなじ意見だった。ただし、会社できめたことなのだから、金包みをそのまま返すと受け取ってもらえないだろうから、

なにか工場に役立つものをその金で買って贈ろうということになった。そばできいていた英子は、その時になって、

「おとっさん、かねのひしゃくかさじをこしらえておつかわしになりましたらいかがでございます。」

英子の心には、富岡工場の内部にはじめてはいった時の、糸とり台、ひしゃく、さじ、まゆ入れなどが、みな真鍮《しんちゅう》で、その金色が見る人の目を射るばかりに光りかがやいていた情景が生きていた。それにくらべて、郷里の六工社では、ひしゃくは木でつくってあって、いかにも貧しげである。見かけがわるいというだけでなくて、工女としての立場から言っても、使いにくくて、もちあつかいに時間がかかるのが、平生《へいぜい》気にかかっていたので、それがつい口に出た。しかし、金《かね》のひしゃくは五円でいくつもつくることができないし、たくさん必要なひしゃくの少しばかりが真鍮になるとふぞろいだからという理由で、父はその提案をしりぞけた。

しまいに、工女の食べるものがいいだろうということになって、それも、五円全部をそのために使って返したのでは会社の人たちの厚意を無にするようになるからと言って、四円五〇銭で、しいたけとかんぴょうを贈ることにした。両方ともかるいとは言え、かさだけは、五幅《いつはば》風呂《ふろ》敷《しき》にいっぱいあった。

資本主義社会の常識から言えば、英子が自分の働いたことへの特別賞与をもらうことはあたりまえであろう。会社からもってきたボーナスを、当の娘の意見もきかないで、親が返すというのは、いかにも近代以前の流儀であり、封建制度の遺風とも言える。しかし、当時が日本の資本主義の制度の確立以前の時代に属していることを思い合わせるならば、郷党の人びとが金を出し合い力を合わせて始めたこの不安定な事業のはじまりの段階で、その中心の働き手である英子はまだ特別の報酬をもらうべきではないという、亀代子、数馬の意見は、筋が通っている。両親の正しいことが、聞いているうちに英子にはよくわかった。たとえ一時にせよ、自分の気持が、お金をもらうことにかたむいたということを、彼女は深く恥じた。

その後、かの女が結婚して郷里をはなれて東京に住むようになってからも、礼金のついた時の自分の心の迷いについて忘れることはなかった。

郷里に帰った時、母とこのことについて話したいと思うのだが、会ってみると、ほかのことにとりまぎれて、この礼金の時のことに触れたことがないという。家に帰ってきてから、また忘れたと気がつく、と英子は三五年後に書いている。このことは、かえって、礼金について彼女の感じた恥ずかしさが深く心の底にきざまれているために、いざという時になるとそれに触れることを避けたい気持が無意識に働いたということではないのか。

記録の終わりに、英子はむかし、伯父の九郎左衛門がその妹（英子の母）に教えたという

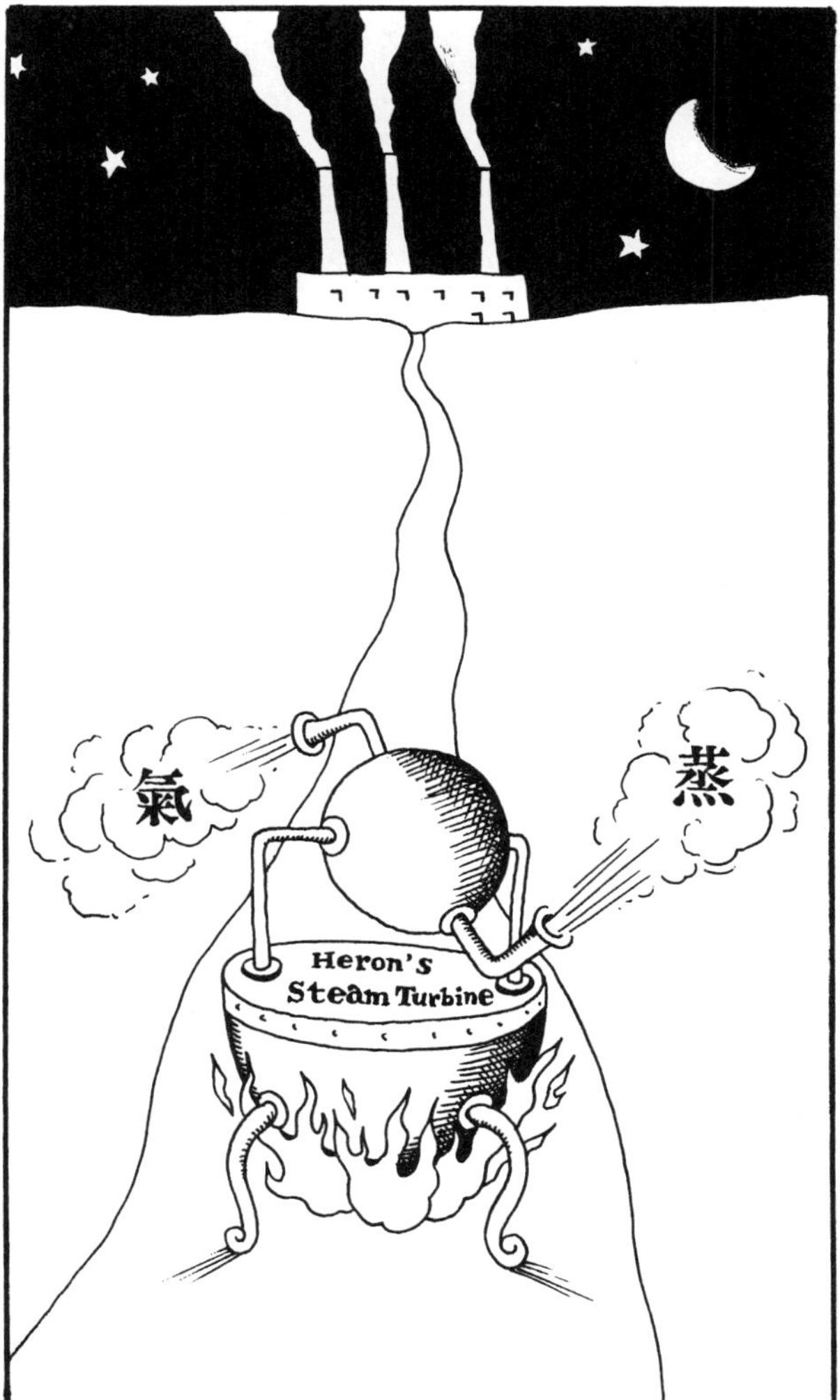
氣
蒸
Heron's
Steam Turbine

歌を記している。

心こそ心迷わす心なれ
　こころに心心許すな

この歌は、自分の行ないを律する自分、その自分を律するもうひとつの奥深いところにいる自分を歌ったものである。どんな奥深いところに自分を求めたところで、自分のつかみ得る自分というものは、ついに頼りないものだということを言うとともに、そういう頼りない自分を律するものとして、さらに奥深いところに自分を求めなくてはならないという、終わりのない探求をのべたものだろう。

あくる年の明治八年（一八七五年）一月、六工社の売込み掛り中村金作は、開業した七月から閉業した一二月までにようようのことでつくった、二箱ばかりの糸をもって横浜に出た。生糸の検査場に行ってみると、他の人びとは雪のように白い糸をもってきており、中村のもってきた黒い糸など売れるものかといった風に見ている。中村は、穴があったらはいりたいと思った。しかし、検査の段になって買いつけの西洋人が見て、

「これは珍しい糸をもってきた。これは蒸気器械の糸ではないか」

とたずねた。そして、他の人びとのもってきた白い糸は銀四五〇枚（現金七五〇円）で買い、中村のもってきた黒い糸は銀六五〇枚（一〇八三円三〇銭）で買った。

そのうわさはひろく製糸業界につたわり、西条の六工社は、全国各地にあいついでできた機械式製糸工場の中では指折りの工場となった。

工場生活の記録は、どのようにして書かれたか。このことを述べるためには、その後の横田英子の生涯をたどることが必要である。

横田英子（一八五七―一九二九）は、西条の六工社から県営長野製糸場に移り、明治一三年（一八八〇年）八月、二三歳の時にそこをやめ、おなじ年の九月一五日に和田盛治と結婚した。

和田家には馬にのったまま通れるりっぱな門があり、松代藩中の名家であるが、同時に、和田の貧乏と言って有名であるような家風をつたえていた。盛治は和田家の長男であり、佐久間象山の姪の子にあたる。かれは軍人となり、陸軍中佐まで進み、日露《にちろ》戦争に参加して金鵄勲章《きんしくんしょう》功四級を受けた。

盛治、英子のあいだには子どもがなく、英子の妹艶《つや》の子一輔を養子とし、盛治にちなんでその名を盛一とあらためて育てた。

盛一は東京帝国大学工科大学を一九一〇年に卒業し、足尾銅山に入社して、工場長となった。英子は、それまで東京に住んでいたが盛一について足尾に移り、昭和四年（一九二九年）そこで生涯を終えた。

英子の夫となった和田盛治は、婚約したのちに英子が工女となることを許し、自分も富岡までつきそって行った人である。自分も東京に行って勉強し、英子との結婚までに婚約後八年間待った。その間、英子は盛治の応援を得て工女としての生活をつづけたのである。このような理解が夫妻のあいだにあったにもかかわらず、英子は家庭にはいってからは、その七年の長きにわたった工女生活について話すことをやめた。

その一つの理由は、横田家、和田家が明治の初期から中期にかけて社会的位置を変えたということに求められる。この小伝の主人公は横田英子なのだけれども、ここでその家系について説明することが必要になる。というのは、英子の思想は多くの点で彼女の属した家の思想に根ざしているからだ。

わき道にそれてしまうが、私は松代に行って駅から電話をかけて、横田英子ゆかりの真田家をたずねた。真田家をさがしあてる前に、そのとなりに、古めかしい屋根のある門構えを見て、めずらしいものだと思ったが、あとで聞くと、それが、英子の嫁入りした旧和田家の門だった。真田家に着くと、孫娘に案内されて老女があらわれ、私の質問にこたえてくれた。この人は、横田英子の長姉、横田寿子（真田家にはいる）の娘の真田しんで、八橋《やつはし》流の琴を今につたえる人である。もろさわ・ようこが『信濃のおんな』に書いているとおり、ふくいくとした空気をつたえる童女のような人だった。あいにく、琴のことについて私は知るところ少なく、そのことをたずねにきたのではないので、すぐに失礼したが、六工社について、よりくわしい高橋雲峰という仏画師を紹介された。

真田しんは明治一六年生まれで九〇歳に近い女性だということが信じられないほど、こちらの話の要点を受け取っての受け答えだった。私にとっては未知の人である横田英子、横田亀代子の老年にいたるまで保たれた確固とした姿勢が、この人を通して、私の前に現われる感じだった。

真田しんの孫（養子）にあたる真田仁臣《きみおみ》の自動車で高橋雲峰とともに横田英子の生家と六工社のあととを見てまわることができた。六工社あとには草がおいしげり、大きな石が積み重なっているばかりだったが、そのすぐ前には、出資者、援助者であった家々が今も残っており、その跡継《あとつ》ぎである人びとが農家として日常の仕事をつづけていた。

一六三ページの系図は、禰津権太夫を通して禰津喜尾・伊予、横田由婦、真田しんへと女系を通してつたわる八橋《やつはし》流の琴の伝承の上でも重要なものだし、佐久間象山から横田甚五左衛門、横田英子へと技術思想の系譜をたどることもできる。同時に、横田英子の兄弟を見るならば、その多くが中央政府の官吏として高位についていることが著しい特色である。

英子を富岡工場に出して工女としたのち、母は親戚の反対をものともせずに、貧乏ななかで学資をつくって英子の弟たちを東京に送って勉強させた。その方針が実って弟たちはそれぞれ、大審院長、鉄道大臣、朝鮮高等法院長となった。

英子が東京に移ってから、工女時代のことについて、家庭内においても、家庭外の交際においても語らないようになったのは、彼女らしい社交上の配慮だったといえる。

私は国元を出ましてから、製糸業に従事いたしましたことをだれにも一言も申しません。同じ所に十三、四年も居《い》、姉妹もおよばぬほど親しくいたしました人びとにでも、けっして申しませぬ。申しますと、私は前後も忘れて、この業《わざ》のことを申しますから、その人は私の親友でありますからまことと思われますかもしれませぬが、他へもれますと、そのうちにほらを吹くとかなんとか申されましては少しの益もなく、かえって身のあだになります。どんな育ちをしたものやらと両親のことまで申されるであろう。その業に従事しておってこそ申す必要もあれ、なにも申さぬにしくはないと心にちかってお

横田家の人々

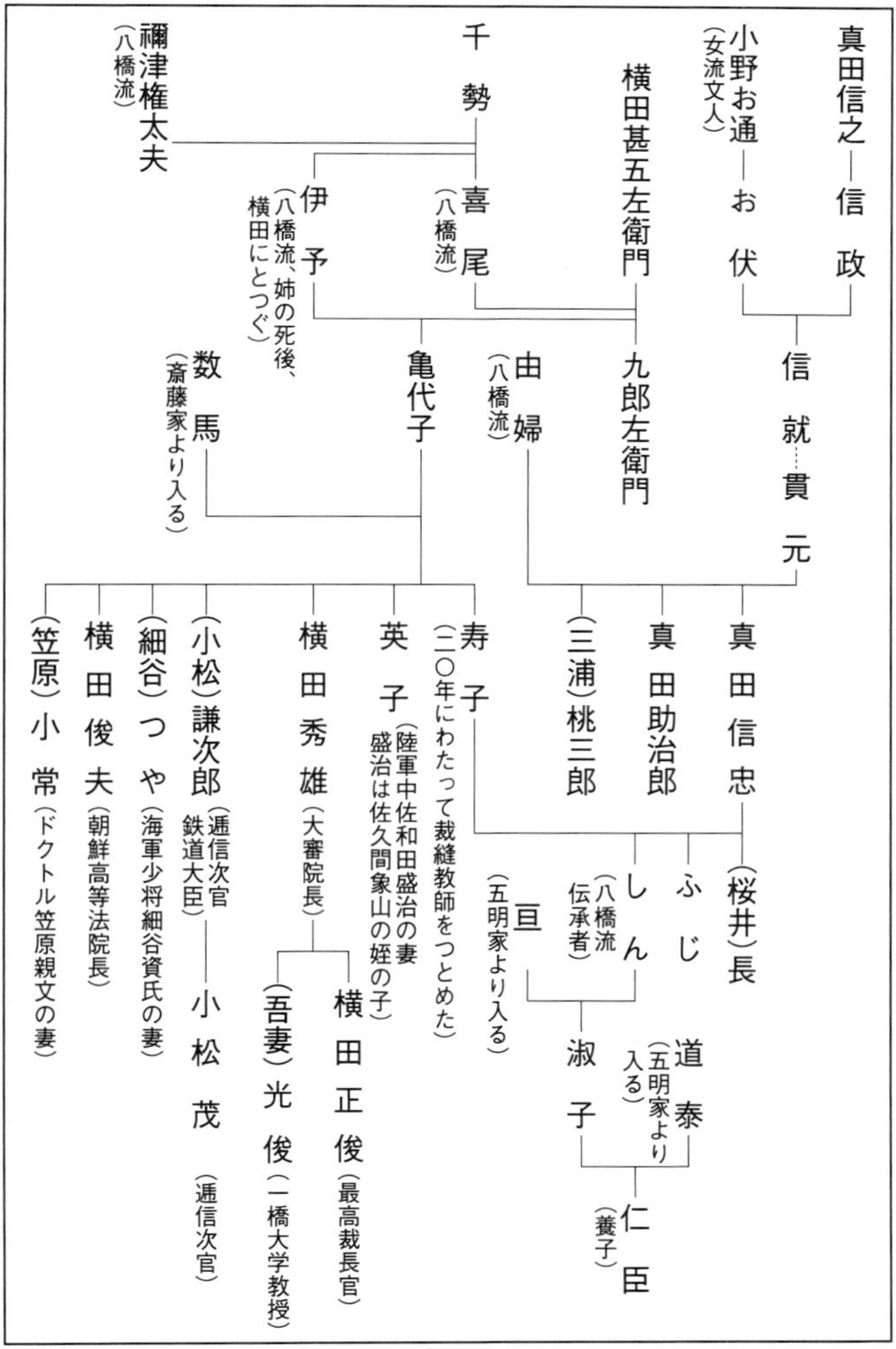
真田信之
信政
小野お通（女流文人）
お伏
信就
貫元
横田甚五左衛門
九郎左衛門
千勢
禰津権太夫（八橋流）
喜尾（八橋流）
伊予（八橋流、姉の死後、横田にとつぐ）
由婦（八橋流）
亀代子
数馬（斎藤家より入る）
真田信忠
真田助治郎
（三浦）桃三郎
寿子（二〇年にわたって裁縫教師をつとめた）
英子（陸軍中佐和田盛治の妻 盛治は佐久間象山の姪の子）
横田秀雄（大審院長）
（小松）謙次郎（逓信次官 鉄道大臣）
（細谷）つや（海軍少将細谷資氏の妻）
横田俊夫（朝鮮高等法院長）
（笠原）小常（ドクトル笠原親文の妻）
（桜井）長
ふじ
しん（八橋流伝承者）
亘（五明家より入る）
道泰（五明家より入る）
淑子
仁臣（養子）
横田正俊（最高裁長官）
（吾妻）光俊（一橋大学教授）
小松茂（逓信次官）

りました。しかし一日も忘れたことはありませぬ。

この文章には、筆者英子の社会的位置が東京の上層階級の家どうしの交際の場に置かれているための配慮が読み取れるというだけではなく、筆者が自分の心中ではひそかに誇りをもっていたかつての工女という社会的位置が明治初期とちがって、（この手記の書かれた）明治後期には、低く見られるようになっていたということも読み取れる。英子が、慎重を期して、東京のつき合いにおいては親友にたいしてもこの工女時代のことを言わなかったのは、工女時代を恥じてのことではない。だからこそ、彼女はつづいて、次のように書いた。

一人おります時は八年間のことをくりかえしくりかえし日々たのしんでいます。汽車、汽船、または近所の製造所などの汽笛の音を聞きましては、世界第一の音がくを聞きますより私の耳にはたのしくきこえます。自分が従事いたしましたところの業がますます隆盛になりまして、帰省いたすごとに汽笛の数がましてまいります。この業によって松代もだんだんさかえてまいります。母も日々この音を聞いて喜んだり楽しんだりいたしておるであろうと日々考えております。祖父も伯父も父も、地下でこの音を聞きます時は百千の僧の読経よりうれしく思いますでありましょうと、そればかり私は喜んでいます。むかし身命をささげた業が今は自分の長寿の妙薬のごとく、いかなる苦痛もこのことを思います時には一時に忘れて、身の幸福を喜びます。かくしたためましたとて、けっして私の力で成功したのなんのと思いますのではありませぬ。おおぜい寄りましてこそ功も奏します。いかに一人で働きましたとてけっして成功するものではありませぬ。不成功に終わりましたら、この楽しき汽笛の音も地ごくのかねの音《ね》のごとく、人は知らずとも自分が聞いて命をちぢめる種となったであろうと、そのことを片時も忘れず喜んでいます。「末は雲助」の歌も昔語りの笑話しの種となりましたのは、実に実にうれしく喜ばしく、筆にはつくされませぬ。

以上記しましたことは、日記もなく日々私がくりかえしくりかえし二十九年の長日月心に秘めておきました昔語りであります。

この最初の記録は、英子が母の病気を見舞いに松代をたずねたさいに、製糸業者宮下留吉から昔のことをたずねられたことが緒となって、その後、東京に帰ってから明治四〇年（一九〇七年）の夏から冬にかけて書きつがれた。昼間は人（かの女が工女時代のことをけっして語らなかった人びと）の出入りが多いのと、家事がいそがしいので書く時間を見つけられなかった。おりおり深夜、人のねしずまった時を見て、一枚、二枚と書いてゆき、一二月一七

日に、最初の部分を書き終えた。それは、半紙判青罫紙《あおけいし》六六枚ほどの長さに達した。扉には、

明治六、七年
松代出身工女
富岡入場中の略記（同四十年筆記）
和田　英

また、そのあとの六工社時代のことを書いたものは半紙判青罫紙八二枚であり、その扉には、

明治七年七月より十二月迄
大日本帝国民間蒸汽器械之
元祖六工社創立　第壱年之巻
製糸業之記
明治四十一年一月廿五日
記之《これをきす》

とあり、そのほかに、半紙判青罫紙一〇枚の記録があって、その扉には、

横田　英

明治八年一月横浜市ニ於テ
大日本蒸汽器械の元祖
六工社製糸初売込《はつうりこみ》
只《ただ》　二梱《こり》　売込係り　中村金作氏
大正二年十月
足尾銅山にて
和田　英

これらが、のちにそれぞれ『富岡日記』『富岡後記』（中村金作の売り込みの記録を含む）と題されたのは、一九三一年に信濃教育会編で、古今書院から「学習文庫」の第二篇・第三篇として発行された時のことであり、この時には和田英子はすでになくなっている。題名はその後、この記録の呼び名として定着したが、題名について原著者はかかわりがない。

「富岡日記」というと、いかにも、著者が工場にいた当時、日記をつけていたような連想を起こさせるが、この記録に書いているように、富岡工場時代のことは、記憶を呼びさまして書いたものである。それも、発表の意図をもって書いたものではないらしく、まず自分自身のためのおぼえとして書き、これを死後にのこした。やがてだれかが資料として見ることをも考えていただろう。

英子は、工女時代以後の長い生涯において、だれともこの時代のことを話さなかったのではない。

英子に育てられた孫の和田一雄は、自分自身としては、祖母の工女時代のことを聞いたことがないという。けれども祖母のお伴《とも》をして松代に帰った時には、たくさんのおばあさんたちが横田家に寄り集まって、たのしそうにいつまでも話していたのをおぼえている。大きくなってから考えてみると、その時に集まって話し合っていた人びとが、富岡工場と六工社の工女仲間だったのだろうという。

しかし、それでも松代を出て、東京の家に帰ってくると、もうそういう話はしなかった。その遮断がかえって記憶を時代による腐食からまもり、英子の心の中の工場生活の記憶をいきいきとしたものに保ったのであろう。

横田英子は、自分をいくつもの個室に分け、それらの組み合わせとして自分を設計するこ

とをした人である。彼女は、軍人である和田盛治の妻となった時に、工女時代の和田英子をあたらしい生活の中にそのまま持ちこまないということを心に決めた。しかし、その後も工女時代の横田英子は、彼女の中にあざやかに生きつづける。富岡工場の記録が、養子の盛一が工科大学を出てほっとしたころ、そのゆとりの中で書きはじめられたことはおもしろい。子を育てるという任務を終えて、彼女の心は、もう一度社会にむかったのである。

英子の生涯は、三つの部分に分けられる。(1)松代に生まれた時から富岡に出かけるまでの、娘としての生活。(2)富岡と六工社の工女生活。(3)結婚してからの東京、静岡、足尾の主婦としての生活。それは、家—工場—家、というふうにはっきりとした区切り目をもっている。だが、それぞれの時期の英子の信条は同じもので、工場の時代には家庭でのしつけの生まれ変わり、結婚後の家庭生活には工女時代の信条の生まれ変わりが見られる。同じ信条の応用範囲がちがったものと考えることができる。別の時代にはいることで、それまでの自分を切り捨てるということを、けっしてしない人だった。

横田英子の思想は、明治政府の「富国強兵」という政策に見合ったものである。だからといって、明治政府のとなえる合い言葉におどらされた人と考えることはできない。明治国家そのものが、明治のはじめにはあやうい立場におかれており、その必死の呼びかけにこたえて、みずからの発意をもって明治国家をささえ、これをつくった人と言うことができる。この意味では、西洋の技術を受け入れて文明開化の道をとった政府上層部の岩倉具視、伊藤博文らと横田英子とは、たがいに助け合う関係にあった。

英子は、明治国家の要請に、自発的にこたえた。松代をはなれて富岡に行く時が、その決断の時だったと見てよい。しかし、政府の考えどおりに生きることによって社会の中で地位が高くなっていったために、彼女には見えないものが多くあった。富岡への出立の時に彼女をはげます歌一首を贈った下僕山越小三太が、のちに自由民権運動に参加して政府批判に力をつくしたことなどは、あまりよくないことのように彼女には思えた。彼女の養子盛一が足尾銅山所長となって彼女ともども足尾に暮らすようになったからには、足尾銅山からながれる鉱毒にたいしてたたかった谷中村の農民と田中正造についても、聞くところはあったにちがいないが、家庭で田中正造の名をきいたことは、孫の一雄の記憶にはないという。『富岡後記』の結びにあるように、工場の汽笛をきくならば地下の祖父も伯父も父も百千の僧のお経よりもたのしく感じるであろうと書いているところでは、この工業発達のかげに失われた生命を、その視野の外に落としている。

だが同時に、彼女は、晩年にいたるまで、明治初期の人としての質実な精神を保ちつづけた。

和田英子の養子盛一の妻あい子の思い出によると、英子は子どものしつけについて、

「一人前になってからのことを思って、子どもを育てなくてはいけない。自分の家であまや

かして育てると、人さまといっしょの生活にはいった時、わがままが出るから、かわいそうと思っても、きびしく育てなくてはいけない」

と言ったそうである。社会の中におかれた時のことを考えて育てよという、英子の経歴のたたみこまれたことばだと思う。

自分から先に手出しをしてはいけないと子どもに教えるようにとも言ったそうだ。しかし、もし先方が腕力でかかってきた時には、こちらでも腕力で対する。その時にはけっして負けてはいけない、と言っていた。このあたりには、法律家を多く出した家にふさわしい実際的な知恵がうかがえる。

孫の一雄は、母を前において、自分は母よりも祖母に育てられたような気がすると語った。一雄によると、英子は平生、

「どんな人になってもよいが、ネコのしっぽのような人間にはなるな」

と言っていた。かならずしも偉くなれという意味ではないようで、犬のしっぽは役にたつが、ネコのしっぽは役にたたないからだそうだ。動物学上はほんとにそうかどうかわからないが、英子はそう思いこんでいた。

静岡県の磐田《いわた》というところで一雄が中学三年になるまで祖母といっしょに暮らしたそうだが、そのころは会計を全部、祖母がしていた。祖母はそのころは耳がもう聞えなくなっていた。

銀貨、銅貨まぜこぜにしてお金を廊下にぶちまけ、大きなそろばんで、ぱちんぱちんやって計算をしていた。耳が悪いから、その音が自分では聞えないらしい。

お店でなにか買う時にも、耳が遠いので、そろばんで対話をしていた。

こんなふうに金の勘定をきちんと自分でしていたが、金よりもとうといものがあるということを教えてくれた。貧乏はけっして恥ずべきことではないという哲学をもっていた。

「男は、中身がしっかりしていれば、何でもいいのだ」

と言って、一雄の中学生の学帽を、妹のスカートで修理してくれた。

「金をもってなくても心だけは下げるな」

と言い、

「一文ももっていなくても、銀座《ぎんざ》通りを一〇〇万円もっている気持で歩け」

と教えた。

よく人の世話をしたそうで、むかしの富岡の仲間で、いくらか不幸になった人への仕送りなどもしていた。人には金を貸さぬ主義で、金よりも、人間関係がたいせつだということを教えた。

耳が聞えなくなってからも、ほがらかなもので、孫が言うことをきかないと、

「どうでも勝手にしろぼうき

ほうきで頭をはりまのかみ」

と地口まじりで、たしなめた。義太夫《ぎだゆう》のレコードを聞くことがすきで、針仕事をしながら、ちんちんちんつく、とやっていた。

朝は四時に起きて、夜は一二時にねた。足の達者な人で、神社に朝早くお参りしていた。正月のもちを一度に一四個食べたこともあり、カレー・ライスはかならずお代わりをしたという。食べ物に好ききらいがあってもよいけれども、なんでも食べられるようでなくてはいけないと言い、きらいなものから先に食えと教えた。嫁には、

「三六五日、愛ちゃん、ご飯がまずいと思ったことはないよ」

と言った。

「私の着物は東海道五十三次《とうかいどうごじゅうさんつぎ》だ」

というほど、着物はつぎはぎだらけで、自分のことはつましくして、暮らした。

一九二九年九月二六日に、英子は足尾でなくなった。

富岡工場は昔のままの姿で今も残っている。英子は、一度そこをはなれてから、ふたたびおとずれることはなかった。交通のひらけた大正、昭和時代には松代、東京、足尾のどこから出かけるとしても日帰りの行程だっただろうけれども、英子は二度とおとずれないことによって、富岡行きの自分の決断のかけがえのなさを心の中に保っておきたかったのだろう。

金子ふみ子——無籍者として生きる

横田英子にとって、孝行は、生涯をささえるたいせつな考え方だった。自分の親に恥じないように生きるということは、彼女にとって、たとえば外国人に生き血をしぼられるという、うわさのある工場に働きに出る決断をしたということにみられるように、ある時には社会の慣習に反して自分の理想をつらぬくことを教えた。

この親孝行という考え方は、そのまま、国家にたいする忠義という考え方につらなる。英子の生涯に見られるように、親の正しいと思う道を迷わずに歩むことが、主君への忠義をつらぬくことだった。孝と忠とのこの一致は、明治時代の日本をささえる思想となった。この意味では、横田英子は、明治時代の代表的日本人の一人だった。

日本の国家が大家族である。一つ一つの家族への愛が、そのままひろがっていって、日本人みんなにとって共通の愛が、家族をつらねてつくられた国家にむけられる。そういう家族国家観を、明治からはじまって大正、昭和の日本人は教えられてきた。この家族国家観を、ひろく国民は受け入れたけれども、なかには自分の実感から考えて、どうしても納得できないと思った人もいた。

ある人にとっては、孝行という考え方をたいせつにしようとすると、親兄弟からはなれて国家のために戦争をするということは不自然に感じられた。その場合には、孝と忠とのあいだにくいちがいがあり、孝のほうをもとにして忠をひかえめに実行しようという考え方も現われる。その反対に、忠をもとにして、孝を抑えてゆくという生き方もあった。さらにまた、忠と孝とを軸として考える家族国家観そのものからはなれて生きてゆこうという立場もあった。金子《かねこ》ふみ子《こ》は、そういう生き方をつらぬいた人だった。彼女は、明治、大正、昭和の三代の国家理想に背をむけて生きた。その生き方は、なにかの本で読んでえらんだものではなく、だれかに教えられたものでもない。彼女が、生まれて育つうちに、自分で身につけたものである。彼女が彼女らしく生きてゆくあとから、彼女の歩いた道として、その思想が、われわれに残された。

金子ふみ子は、明治三六年（一九〇三年）、横浜で生まれた。父は佐伯文一といい、寿《ことぶき》署の刑事だった。母は金子きくの。

彼女が母方の姓をとって、金子ふみ子という名でとおしたわけは、父が彼女を籍に入れてくれなかったからで、彼女は長いあいだ籍のない子どもだった。母の金子きくのは、ふみ子を私生児として届け出たいと思ったが、それさえも、父の佐伯文一が許さなかった。母の両親が彼女をひきとって、彼女に、山梨県東山梨郡諏訪《すわ》村の農民、金子富太郎・よし夫妻の娘という法律上の居場所をあたえた。しかし、最後に彼女にあたえられた法律上の場所よりも、実際に彼女にあたえられた最初の場所のほうが、人間にとってはたいせつだ。生まれてすぐあたえられた場所の居心地というものが、人それぞれの人生観に大きな影響をあたえるものだ。

ふみ子は、父にかわいがられて育った。娘と父親の間は、自然にうまくゆくものだ。母が「火の消えたような」陰気な人だったから、それにひきかえて、父といっしょにいるほうがたのしく感じられた。父の佐伯文一にとっても、最初に生まれた子どもは、とてもかわいく思われた。

ふみ子は、三つくらいのころまで、自分の記憶をさかのぼることができる。そのころは日露戦争直後で、政府の威勢はおおいにあがっていたから、政府の御用をつとめる刑事は、人民にたいして、いばって世の中をわたってゆけた。藤原《ふじわら》氏にはじまる由緒ある氏族の家柄に生まれたと自慢している父の佐伯文一にとって、人生の見通しはけっして暗いものではなかった。かれは自分を、普通の人間とはちがうものだと信じており、そういう上品な父が、ふみ子は好きだった。

　父は警察から帰ってくると、ふみ子をつれてふろ屋に出かけた。毎日、夕暮れ時に、ふみ子は父親の肩車にのって、父の頭にしっかりとだきついて銭湯ののれんをくぐった。それが、たのしい思い出として、いつまでも彼女の心に残る。

　　このころのほんのすこしの間だけが、私の天国であったように思う

と、彼女はその死の前に書いている。

　床屋に行く時にも、ふみ子はいつも父と二人づれだった。父は、ふみ子のそばにつききりで、はえぎわやまゆのそりかたに注文をつけた。時には、職人の手からカミソリをとって、自分でふみ子の顔をそってくれたりした。

　ふみ子に着せる着物の柄、その仕立て方についても、父が自分でさしずをした。

　ふみ子が病気になった時には、枕元につききりで看護してくれた。そういう時、ふみ子は口をきく必要もなかった。父がふみ子のまなざしにこたえて、彼女の願いをみたしてくれた。

彼女がものを食べる時にも、父は、肉は食べやすいように小さくむしってくれた。魚は小骨ひとつ残さずとってくれた。飯やお湯は、父がまず自分の舌でためしてみて、熱すぎれば根気よくさましてから、ふみ子にくれた。ふつうの家なら母親のすることを、ふみ子の家では全部父親がするというほどの、熱の入れ方だった。

今から考えて見て、むろん私の家庭は裕福であったとは思われない。しかし、人生にたいする私の最初の印象は、けっして不快なものではなかった。

このたのしい父娘《おやこ》の間は、父と母とが気まずくなるにつれて、ゆっくりとくずれてゆく。父親が、若い女を家につれてきた。その女と母とは、たえまなくいさかいを起こし、そこに父が割ってはいるとかならず女のほうの肩をもって、母をぶったりたたいたりした。母はおこって家を出てしまったことがある。母のいない家は、おさないふみ子にとって、他人の家のように感じられた。そのうちに、女が姿を消し、やがてまた父のいない日がつづいた。

ふみ子は、母といっしょに、父を女郎屋にむかえに行ったことがある。その時、父はねまき姿のまま起き上がってきて、母を部屋の外に、じゃけんに突き出した。

酔っぱらった父が、町を大きな声で歌をうたいながら帰ってくることもあった。たまに帰った父に、母はさからわないようにと自分をおさえて、父の着物をふだん着に着かえさせたりしてから、外出着のたもとからお菓子の空袋やみかんの皮などを取り出して、

「まあ、こんなものたくさん。それだのに子どもに、みやげ一つ買ってこないんだよ」

と、ふみ子の前で父のことをなげいた。

やがて父は、酒びたりの生活のためにからだをこわし、横浜の磯子《いそご》の海岸に一家をつれて移ることになった。このころには、父はもう警察をやめており、失意の時代のはじまりだった。

海岸では、家族は一日じゅう海にはいったり潮風に吹かれたりして暮らした。そのころから、ふみ子は生まれ変わったように、じょうぶになった。

父が健康をとりもどすと、一家はもう一度、横浜の町にもどった。父の病気のあいだ、母は実家から金を借りてつききりで看病したし、その間には、ふみ子は山梨県の母の両親のもとにあずけられたこともある。母の実家に世話になったということが、父の母にたいする感情をやわらげたということもてつだって、このころには、父と母の間は穏やかなものになっていた。ふみ子に弟が生まれた。

ふみ子が五つの時に、母の山梨の実家から母の妹が出てきて、いっしょに家に住むことに

なった。ふみ子が山梨にあずけられていたころには、この叔母《おば》がふみ子を背おって子守りをしてくれたものだ。叔母はそのころ、二〇歳を過ぎたばかりだった。顔立ちのととのった、こぎれいな娘で、気立てもやさしく、することなすことしっかりしていて、几帳面《きちようめん》で、てきぱきした性質であった。おさないふみ子の目にも、叔母は、母よりも魅力ある人とうつった。この叔母に父をうばわれて二〇年もたってからも、ふみ子は叔母のことを、こんなふうに好もしい人柄として手記に書いているのである。

自分の運命をくるわしてしまった人のことを、このように一人の魅力ある女性としておぼえているということは、幼いころからふみ子にそなわっている成熟したものの見方をよく表わしている。

ふみ子は、ある日叔母と父とが性交をしているところを見る。この時にも、それほどびっくりしていない。もっと小さいころに、母と父とのおなじようなところを、何回か見たことがあったからだ。このあたりの書き方にも、ふみ子独自の個性がつらぬかれている。彼女は、三歳くらいの時から、性について関心をもちはじめ、そのころから、自分の見聞にもとづいて性交についての確実な知識をもっていた。人間の生活に普通にあることとして、それは三歳の子どもに受け入れられたのであり、小学校、中学校などでおとなからいかめしく人間の理想について説き聞かされたことをすなおにきいたあとで、性交についての事実をきかされたのとはちがって、性交を目撃したことは、それほどの衝撃をともなわなかった。ふみ子は、二〇代で書いたこの手記の中で、おとなはうそつきだとか、信用できないなどということを、この性交の見聞記に書きくわえていない。人間の性行為を隠してそのまわりに文化のかざりをつけるという明治の教育制度は、ふみ子とかかわりがなかった。ふみ子は小学校にさえ、ほとんど行くことがなかったのである。性について、自然児としてそれを受けいれたというこの体験は、ふみ子のその後の思想にとって、しっかりしたしんになるものだった。

もとにもどって、ふみ子の記憶をたどりなおそう。

父は、横浜の岸壁の倉庫にやとわれて、人夫の積荷《つみに》下荷《おろしに》のノートをとる仕事をしていた。だが、例のなまけ癖が出て、なにかと口実をもうけては、休んで家にいた。母と叔母とは、麻糸つなぎを内職にしており、つないだ麻糸のたまが三つ、四つできると、母がそれを風呂《ふろ》敷《しき》につつんで、弟をおぶって届けに行って、工賃をもらってきた。

ふみ子は、母のたもとにぶらさがって、いっしょに外に出たいと思ったが、それを父は喜ばなかった。あとから考えて見れば、そこに父のこんたんがあって、ふみ子が残ることで母の警戒心を解こうとしたのであろう。父は、母が出かけると、ふみ子を相手に遊んでくれるでもなく、彼女にこづかい銭をくれて、外に遊びに出した。そのくせ、母が帰ってくると、

「この子はひどい子だよ。わしのあまいことを知って、あんたが出かけるとすぐ、おこづか

いをせびって飛び出すんだからね。」

ふみ子は、なかなか複雑な政治の場に立たされていたわけだ。ここでは、父につくでもなく、母につくでもない自主的能力が必要とされる。家は、父と母の不和のはじまった三歳くらいのころから、彼女にとっては政治の場であり、政治的能力を育てることなしには、この家で暮らすことはできなかった。ここでつくられた彼女の政治的能力は、やがて、もっとひろく、日本の社会の中で用いられることになる。

母が出かけると、父はすぐに、自分のねそべっている玄関わきの三畳間に叔母を呼んだ。叔母がなかなか三畳間から出てこないので、ある時ふみ子は、つまさき立ちでそのとなりまで行って、ふすまの破れ目から中をのぞいてみると、叔母と父との性交の場面が見えた。

山梨県の母の実家では、叔母と父のことに気づいて、叔母に家に帰るようにと言ってきた。もともと叔母は、婦人病の治療のため都会に出てきたのだったが、父はそれをたてにとって、いなかでは治療ができぬと言いはって、せっかく叔母をむかえに出てきた祖母と叔父《おじ》とを追いかえした。叔母も悩んだらしく、何度か、ふみ子の家を出ていったが、そのたびに父につれもどされた。

やがて、どうして金をつくったのか、父は住吉町《すみよしちょう》の通りに家を一軒借りて、そこで氷屋をはじめた。仕事は叔母がした。やがて、父はその家に入りびたりで、母のいる家には、帰らなくなった。

ふみ子は満六歳になった。しかし、法律上の籍がないから、小学校に上がることができない。

ふみ子は、小さい時から学問が好きだった。彼女はいっしょに遊んでいる近所の子どもたちとおなじように、自分も学校にゆきたいと親にせがんだ。思いあぐねた母は、ふみ子を自分の私生児として届け出て、役所の帳面に籍をあたえようとした。しかし、父は、

「ばかな。私生児なんかの届けが出せるものかい。私生児なんかじゃ、一生、頭が上がらん」

と言って、それをとめた。そして酒を飲んでいるばかりだった。

ここでも、父には父のこんたんがあるのだった。もともと父は、格式のある佐伯家に生まれたものとして、山梨の百姓娘を法律上の妻にはしたくなかった。しかし、ふみ子という子どもができたので、ずるずると今日まで来てしまった、そして今になると、こんどは妻の妹のほうを自分の妻にしたくなっていて、切り出しかねているのだった。

ふみ子はあとになって、歴史の本を読んだ。明治五年（一八七二年）に学制が定められ、日本人は、どんな草深いいなかに住んでいても教育を受けられるようになったと、そこには書いてあった。男女を問わず、満六歳の四月から、国家が強制的に義務教育を受けさせることとなり、「そして人民はこぞって文明の恩恵に浴した」と書いてあった。

草深いいなかでもない横浜に住みながら、ふみ子は小学校にあがることができなかった。国家の恩恵にあずかっていない自分の姿が、歴史の本の外に見えた。

ふみ子の家から半町（約五〇メートル）ほどはなれたところに、遊び友だちが二人いた。二人の女の子は、海老茶《えびちゃ》色のはかまをはき、大きな赤いリボンを頭の横に結びつけ、二人でしっかりと手をとり合って、歌をうたいながら、毎朝ふみ子の家の前の坂道をおりていった。ふみ子は、家の前の桜の木の根もとにしゃがんで、二人のおりてゆくのをながめていた。その時の痛いほどの孤独を、ふみ子はいつまでも覚えていた。

父は字が読めたが、子どもに教えてくれず、母は文字をまったく知らなかった。ふみ子は、母が買い物をしてもって帰ってきた包紙の新聞をひろげて、字を教えられないままに、自分の考えたことをかってにそこにあてはめて読んでみた。こうして彼女の教育は、家庭によって与えられたものでなく、国家によって与えられたものでもなく、自分自身によるものとして、現われた。

その年の夏になってから、父は叔母の氷屋の近くでおなじ住吉町にある私立学校を見つけてきた。そこは、無籍でも通える学校だった。しかし、学校と言っても、貧民窟の棟割長屋《むねわりながや》の六畳間で、畳の上にサッポロビールのあき箱が五つ、六つ横倒しに置かれ、それが子どもたちの机だった。先生は、江戸時代の寺子屋式に「おっしょさん」（お師匠さん）と呼ばれ、総前髪の小さな丸髷《まるまげ》をゆい、あか染みたゆかたを着て、縞《しま》の前掛けをかけた四五、六の女だった。

裏長屋にあるその学校に、ふみ子は風呂敷包みを背中にななめにくくりつけてもらって、路地のどぶ板をふんで通っていった。父は、その学校をとくにふみ子のためにえらんだものの、恥ずかしく思ったものと見えて、こんなふうに言った。

「ねえ、いい子だから、おまえはあすこのお師匠《つしょ》さんのところへ行ってることを、うちにくるおじさんたちに話すんじゃないよ。それがひとに知れると、お父さんが困るんだからね。いいかい。」

叔母の氷屋ははんじょうした。しかし、そのもうけは父が酒を飲んで使ってしまうので、ふみ子の家にははいらなかった。

ある夕方、ふみ子たちの家には食べるお米が一粒もなくなったので、母がふみ子と弟とをつれて、父をたずねていった。父は友だちの家にいたが、母が会いたいとつたえても出てこなかった。たまりかねた母は、いきなりその家の縁側から障子をあけて座敷に上がりこんだ。そこでは明るいランプの下で、四、五人の男が車座になって花札で遊んでいた。母はおこって、

「ふん、おおかた、こんなことだろうと思った。うちにゃ米粒ひとつないってのに、私だっ

てこの子どもたちだって夕ご飯も食べられない始末だのに、よくもこんなにのびのびと酒を飲んだり花をひらいたりしていられたもんだね。」

父は血相を変えてたちあがり、母を縁側からつき落とし、自分もはだしで地面にとびおりて母をなぐりつけようとした。居合わせた男たちが止めてくれたので、その場はおさまったが、お米一粒、お金一文ももらわずに、母子はすごすご帰ってゆくことになった。家に近い坂道までくると、うしろから父の声がきこえた。

「おい、ちょっと待て。」

ふみ子は、父が米代をもってきてくれたのかと思って、心が明るくなった。

ところが、立ち止まっている母子に近づくと、父は、

「きくの。よくもおまえは人前でおれに恥をかかせたな。縁起でもない。おかげでおれはすっかり負けてしまった。おぼえてろ」

と言って片足の下駄をとって、それで母をなぐりつけた。その上、母のむなぐらをつかんで、がけの下につき落とすとおどかした。弟は、おどろいて母の背中で泣きわめいた。

その時、ふみ子は急に坂の下の父の友人のことを思い出して、その家にかけこんでうったえた。小山というその友人は、食べかけていた夕飯のはしを置いて、飛んできてくれた。父は、体面を重んじる人だったので、友人のとりなしには弱かった。

夏を越すと、叔母の氷屋はもちこたえられなくなった。そのころには、ふみ子は長屋の学校にも行けなくなっていた。お師匠《つしょ》さんが、盆には白砂糖二斤をもってくるようにと生徒たちに言ったのに、おそらくそれだけがお師匠さんへの謝礼だったのだろうが、それを、ふみ子の家からは持って行くことができなかったからだった。

叔母は、ふたたびふみ子の家に同居し、父と母とは三日にあげずけんかをした。やがて叔母は山梨に帰ることになり、ふみ子の一家は見送りに行った。父は叔母のために、ふみ子の家にあった一番上等のふとんを、荷物の中に包みこんだ。それから四、五日たって、父がいなくなった。

「ああ、くやしい。ふたりは、あたしたちをすてて駆け落ちしてしまったんだ。」

母は、歯ぎしりをしてそう言った。それからふみ子たちは一家そろって、町の中を歩いて父のゆくえをさがした。家からもっていった上等のふとんが干してあるのを目じるしに、父のいどころをやがてさがしあてたが、前のように下駄でなぐられただけで帰ってきた。

こうして、ふみ子は生涯の最初の日に自分をかわいがってくれた父親から捨てられ、それからは、父にも母にも自分をあずけることのできない境涯を生きることとなる。ふみ子が六歳の時のことだった。

母は、父とわかれてから、中村という鍛冶職工《かじしょっこう》といっしょになった。この人は、四八、九歳のなまけ者で、母のいない時にはふみ子につらくあたった。おはちをふみ子の手の届かぬところにのせておいて、自分ひとりでごそごそ飯を食べたり、彼女をふとんの中にくるんで押し入れの中になげこんだり、ある夜は細びき（麻をよってつくったじょうぶななわ）で彼女をてまりのようにからげて近くの川の水ぎわの近くの枝につるしたりした。かれと女との間をじゃまするものとして、ふみ子にたいしてうっとうしい感じをもっていたのかもしれない。それに、ふみ子のほうからは、いまだに、いくらか上品な父親のものごしへの好みが残っており、家の中に労働者のにおいをもちこんできた中村にたいして、父親にひきくらべて一段低いものという感じをぬぐいさることはできなかった。

ふみ子の弟は、中村と母との話し合いで、父の佐伯文一のところにやられた。ふみ子もいっしょに行きたかったのだが、母はふみ子を手ばなすことはなかった。それは、母がふみ子のためを思ってくれたためだとは言えない。もっとあとになってからのことだが、なにがしかのお金ほしさに、母はふみ子を娼妓《しょうぎ》に売ろうとして、口入屋《くちいれや》までつれていったことさえある。この時には、娼妓見習いとして三島《みしま》までつれてゆくという話だったので、そこまでの決心が母にはつかず、やめてしまったのだが。

中村という中年の労働者とわかれてから、母は、小林という年下の沖仲仕《おきなかし》といっしょになった。小林は、母より七、八歳若く、そのころ二五、六歳だった。かれもまた口実をもうけて仕事を休み、母といっしょに家の中でねてすごした。

　ある晩、もう九時すぎたころ、母はふみ子に突然、

「焼きいもを買っておいで」

と言って、寝たまま枕元のふとんの下からがまぐちを引きずり出してぽいと投げてくれた。がまぐちの中から、五銭の白銅貨と一銭の銅貨が三つ、四つばらばらと畳の上にころがり落ちた。

「いまごろ、焼きいもだって、母ちゃん」

とふみ子は言い返したが、

「焼きいも屋は、あそこ一軒じゃないよ。裏通りのお湯屋のとなりへ行けば、まだだいじょうぶ起きている。はやく行っといで。」

　そこに行くのには、八幡神社の森の大木の下を通らなくてはならない。それがこわかった。

「ねえ、お母ちゃん。お菓子にしようよ。お菓子屋なら、すぐそこの明るいところにあるから」

「いけない。焼きいもでなけりゃいけない。」

　いつもは火の消えたように陰気な母が、かんしゃくを起こしてふみ子にあたった。

「おまえは親のいうことをきかないのかい。早く行っといで、このいくじなしめ。なにがこわいものか。」

母には、どうしても焼きいもでなければいけないのだった。八幡様の森をぬけてふみ子が焼きいも屋に歩いて行って帰ってくるまでの時間が、彼女にとって、突然この時刻にもえあがった性の衝動を使いはたすために必要だったのだ。

ふみ子が、夜道をひとり歩いて、森を通りぬけ、五銭分のあたたかいいもを風呂敷に包んでもらって、走ってまた森の中を通りぬけて家に帰ってくると、戸はまだ締まっていた。暗い夜を、しばらくいもを抱いたまま、ふみ子は家の外に立って過ごした。母が自分を追い出したいだけの理由で、焼きいもを買いにやったということが、今はよくわかった。

小林も母も働かないので、家賃がはらえなくなった。ふみ子たちは、夜逃げをして、横浜の場末の木賃宿にはいった。刑事の長女としていくらかゆとりのある暮らしの中に育ったふみ子は、生まれてから七年ほどのあいだに、とうとう日本の最下層の流れ者の暮らしにはいった。

そこには、人夫、こうもりがさ直し、易者、手品師、たたき大工がいっしょに住んでいて、雨の降る日も降らない日も変わりなくぶらぶらしていた。いよいよせっぱつまってくると、仕事に出かけたが、帰りには酒を飲んできた。帰ってきてからも、酒もりのつづきがあり、あげくの果てには、おそろしいけんかになった。

こんな中で、ふみ子たち一家は、大部屋とは別に、ともかく三畳の部屋を借りたが、大黒柱の小林が一日中ねているから収入がない。一日に三度飯を食べることは、めったになく、まるっきり食べないほうが多かった。そのころ、ふみ子は町をひとりで歩いていて、ある家のゴミための中に、こげついた真っ黒な飯のすててあるのを見た。それをそっとひろって口に入れると、とてもおいしかった。

ふみ子の母は、このころになって、

「ほんとに、おまえに苦労をかけてすまない」

と、わびるようになった。

「あんな男といっしょにいるからだわ」

と、ふみ子は言った。一度ならず母親の失敗を見てきたので、七、八歳のころから、ふみ子は父母にたいして、独立した批評家となっていた。実際に経済上いっぽん立ちになるにはあと何年かかかったが、考え方の上では、ふみ子にとって、父と母とは、こういうふうに生きてはいけないという生き方の手本としてあった。母がいつもだれかをたよりにしなくては生きられない女だということは、事実として認めざるを得なかったが、ふみ子自身は、そういう女になりたくないと思った。

やがて木賃宿でも食いつめたので、小林はふみ子たちをつれて、郷里に帰った。そこは、山梨県北都留《きたつる》郡の山奥にある小袖《こそで》という部落だった。

小袖部落は、一四、五軒の血縁でつながる家から成り立っており、山すその南向きの日あたりのいい谷間《たにあい》にあった。田というものは一枚もない。山と、山をきりひらいた畑だけだった。部落の産業は、春から夏にかけてはかいこを飼うことで、畑に少しばかりの麦と野菜、砂地にわさびを植えていた。冬になると、男は山にのぼって炭を焼き、女は家にいてその俵をあんだ。部落では現金の収入を、おもにこの炭焼きから得ていた。

こんな仕事しかないから、小袖部落は都会とはくらべようもないほど貧しかった。この部落の食事には白い米は一粒もはいっていない。全部がひきわり麦で、おかずとしては、野菜を煮たもの、それに月に一回ほど、とび上がるほどからい塩鮭が出るくらいだった。ふみ子は監獄の中で、小袖時代の食べ物のことを思い出して、監獄の食事のほうがましだと書いている。

それにもかかわらず、ふみ子には小袖部落のことがなつかしい。

> 私がほんとうに自然に親しんだのは、このころである。おかげで私は村の生活がどんなに理想的で、どんなに健康で、どんなに自然であるかということを今日も感じている。

家の中の食事はそまつであっても、いったん山の中にはいると、そこには食べられるものがたくさんある。あけびやなしやくりが豊かに実っていたのを、子どももおとなも自由に取って食べた。取ろうと思えば取れるところにウサギそのほかの野生の動物がいたが、それを追いかけて遊ぶだけで、べつに食べる必要も感じない暮らしぶりだった。

同じ血縁でつながっている部落だけあって、年上の妻をつれてころがりこんできた小林たちにたいしても親切で、たきぎ小屋をかたづけて一家の住むところにしてくれた。部屋は一〇畳の板敷きと古だたみ二畳の奥の間だけで、あら壁一つへだてて左どなりは馬小屋、右どなりは大家との共同便所だった。

この家に落ち着いてから、なまけものの小林は仕事に精を出しはじめた。かれの仕事は実家の炭を焼くことだった。母は近所の家のための針仕事をして、その礼として野菜をもらった。こうして食べることのめどがついたので、久しぶりに、ふみ子は小学校に出してもらえることになった。山の小学校は、ふみ子に籍がないことなど問題にしなかった。

あとになってふみ子は、自分で社会思想の勉強をするようになり、クロポトキン（一八四二―一九二一、ロシアの無政府主義者）などの影響もあって、農村の自給自足を強めてゆくことを通して、この都会文明の時代にはない活力を農村がもつことになると考えた。

私の考えでは、村で養蚕ができるなら、百姓はその糸をつむいで仕事着にも絹物の着物を着てゆけばいい。なにも町の商人から木綿の田舎縞の帯を買う必要はない。繭や炭を都会に売るからこそ、それよりもはるかにわるい木綿やカンザシを買わされて、その交換上のあやでいなかの金を都会にとられて行くのだ。

この山奥の暮らしの中で、母は小林の子を生んだ。しかし、その子を小林の家に残して、母とふみ子は小林家の人びととわかれ、山梨県東山梨郡諏訪村の母の実家にかえった。母の実家から、むかえが来たためである。実家にもどると、母は塩山《えんざん》の駅の近くの雑貨商の後妻にもらわれていった。かつて父がしたと同じように、母もまた自分ひとりの幸福を求めて、ふみ子を置き去りにして行った。

私は、母が私を女郎屋に売ろうとした事を思い出さずにはいられない。母はその時、私の幸福のために私を売りたいのだと言った。だが、なんで、そんなことがあろう。母はただ自分の苦しい暮らし向きの足しにしようと思って、私を売ろうとしたにちがいないのだ。

小学校では、ふみ子は今もなお余計者の位置におかれていた。体操の時間には、彼女より背の低い子が何人もいるのに、ふみ子は一番うしろに立たされた。最後が偶数の番号にあたっている時にはまだよかったが、奇数番にあたった時には、たったひとり余計者としてみんなのあとにくっついてゆかなければならなかった。相手といっしょにする遊戯の時には、ふみ子だけが相手なしに、うろうろしなくてはならなかった。

教室では一番よくできたのに、ふみ子はみなのもらう成績表をもらうことがなかった。そんなことは、ふみ子にとって、ここではじめてのことではない。横浜で長屋の塾のあとでしばらく行っていた小学校のころには、名まえさえ呼んでもらえなかった。朝、授業がはじまると、先生が子どもの名まえを呼んで出席簿につける。けれども、ふみ子のとなりの子のところまで来て、ふみ子だけは、のけものにされる。子どもにとって、この毎朝の行事はつらかった。その行事を避けるために、ふみ子はわざとおくれて行ったり、先生がほかの子どもの名を呼んでいるあいだじゅう机のふたをあけて、その中に顔をつっこんでいたりした。用もないのに本をひらいて読むふりをしていて、先生にしかられることもあった。

そのころに比べると、山の中の小学校は、いくらかしのぎやすかったが、ここでの毎日もまた、自分がこの社会の余計者だという自覚を深めた。

ちょうどそのころ、この山の中の村に、朝鮮から父方の祖母が迎えに来た。その祖母は、父の妹夫婦といっしょに朝鮮に住んでいたが、妹夫婦に子どもができないので、父の長女であるふみ子をもらい受けて育てようと申し出たのだった。ふみ子は大きな期待をもって朝鮮にわたり、足かけ七年を京釜《けいふ》鉄道沿線にある忠清北道《ちゅうせいほくどう》の芙江《ふこう》で過ごした。

ふみ子が朝鮮にわたったのは、日韓併合という名を借りて日本が朝鮮という国をとってしまった明治四三年（一九一〇年）八月から、まだ何か月もたっていないころだった。朝鮮には、どっと日本人が押し寄せて、日本人だけの支配階級としての小さい社会をいたるところにつくっていた。かれらは、朝鮮人をだまして土地を安く買い取り、そのために住む場所をなくした朝鮮人は、労働者として逆に日本本土に流れこんでゆく。日本本土では、貧しいことやことばの違いのためにいやしめられ、つよい不平をもつ集団として福岡、大阪、横浜、東京などの大都会に住みつく。この在日朝鮮人にたいして日本人がもつ警戒心が、大正一二年（一九二三年）の関東大震災の時に、「朝鮮人が井戸に毒を入れてまわっている」という流言を生みだし、この根のない流言のために、四〇〇〇人から六〇〇〇人（正確な数は不明）もの在日朝鮮人が、日本人のリンチにあって道で殺された。この時には、「主義者」（社会主義者）も混乱に乗じて騒動を起こすという疑いを日本の警察はもった。そのために、社会主義者として知られている多くのものがとらえられ、警察や憲兵隊の手でリンチをくわえられて殺された。そのほかにも多くの「主義者」がとらえられ、あとからつくりあげた罪名で刑罰を受けた。

金子ふみ子がその伴侶《はんりょ》、朴烈とともにとらえられて死刑を宣告されたのは、このような状況においてだった。朴烈が朝鮮人であることと社会主義者であることとが、警察側に逮捕と処刑という二重の口実をあたえた。その二重の口実は、当時の日本人を納得させる力をもっていた。朴烈と金子ふみ子の逮捕について、当時の日本の民衆がつよく抗議したという記録はない。

金子ふみ子は、朝鮮の社会主義者の仲間になるところに、本を読むことを通して歩いていったのではない。自分の出会う一つ一つの体験について、自分で態度をきめてゆくこと、つまり自分の体験を読むことを通して、彼女は歩いていった。彼女にとって、もし七歳から一三歳までの足かけ七年の朝鮮での生活の中で、その朝鮮での支配者である在朝日本人の側に自分を結びつけたとしたなら、その後の彼女の発展はなかっただろう。

芙江という村には、朝鮮人と日本人とがそれぞれ別の自治体をつくっていた。日本人は四〇家族ほどで、その職業は、旅館、雑貨店、文房具店、医者、郵便所、理髪店、苗店、菓子屋、下駄屋、大工、小学校教師、憲兵、地主、売春宿、駅員、鉄道工夫、高利貸、海産物仲買人、焼きいも小売店、駄菓子小売店などで雑多だった。その大部分が、朝鮮人から土地を買って、いくらかの田や畑をもっていた。日本人は、全体として村の上層階級をなしていたが、なかでも憲兵、駅長、医者、学校教師が有力者で、その妻は他の職業の人びとの妻のように「おかみさん」とは呼ばれず、「おくさん」と呼ばれ、家族ともども村の支配階級として暮らしていた。

ふみ子が引き取られた岩下家（ふみ子の祖母は佐伯、その娘のとついだ家の姓は岩下）は、この村で高利貸をして、楽な暮らしをしていた。祖母にはムコ、ふみ子には叔父にあたる岩下は、長野県の生まれで、鉄道の保線主任をつとめていたところ、汽車が脱線して死傷者まで出したので責任をとってやめ、今ではこのいなかにひっこんで暮らしていた。祖母は、この家の実権をにぎり、近所の日本人から「ご隠居さん」とたてられていた。

このご隠居が山梨の奥までわざわざ迎えにいったのだから、はじめはふみ子を跡継ぎにするつもりだったのだろう。ふみ子がご隠居になつき、取り入ってさえいたなら、その後のふみ子は岩下ふみ子として、一九四五年に日本の朝鮮支配が終わるまで、朝鮮の上層社会に暮らしていたかもしれない。朝鮮から引きあげてきた一人の主婦として、六九歳の岩下ふみ子が私たちのとなりに住んでいても何の不思議もないのだ。

ふみ子がもし、貧しい暮らしにうちひしがれて、卑屈な精神の持ち主となっていたとしたら、救いの手をさしのべてくれた金持ちの祖母に喜んで自分を託し、祖母の意志をむかえて、自分を上流のスタイルに合わせて、つくり変えていったことだろう。しかし、ふみ子にはその賢さをうわまわる不屈の性格があった。父親に突き放され、母親に突き放されて、自分の考えで生き方をきめるものとなった彼女は、もはや保護者にすなおに自分をまかせることはできなかった。この不服従を、祖母はにくらしく思い、足かけ七年のあいだ、せっかんをつづけた。はじめは「岩下ふみ子」として小学校に送られたが、一年ほどしてからもとの「金子ふみ子」に名をもどされ、女中としてこき使われた。近所の人がたずねてきても、ふみ子が自分の実の孫だということを、祖母はけっして明かさなかった。この分けへだてが、ふみ子の心を傷つけた。無籍者としての自分を、彼女はここでも思い知らされたのである。

ある夏、彼女は自殺を計って、家をぬけ出した。腰巻をひろげて、それに石を入れて腹にまきつけ、たもとに石をつめて川にはいろうとする。その時、頭の上で急にアブラゼミがなきだした。

なんという美しい自然であろう。なんという平和な静けさであろう。そう思った時に、急にふみ子は悲しくなった。

「祖母や叔母の無情や冷酷からはのがれられる。けれど、世にはまだ愛すべきものが無数にある。美しいものが無数にある。私の住む世界も、祖母や叔母の家ばかりとは限らない。世界は広い。」

横浜の木賃宿から山梨の小袖部落の原始的な社会までを歩いてきた彼女は、幼いながらも、自分の中に、家をこえたひろい世界をもっていた。その世界には、この家の中のようにいやなことばかりがあるのではないことにも、彼女は確信をもっていた。前にもふれたように、ふみ子の中には生まれつきの厭世観、厭人観というものはない。幼いころの父親とのたのしい暮らし、磯子海岸や小袖部落の暮らしを通して、ふみ子は自然の中にまっすぐに人間がはいってゆく時には、生きがいのある暮らしがひらけるという楽天的な見通しをもっていた。彼女の思想の根もとにある楽天性が、この時、アブラゼミのなき声にさそわれて表にあらわれ、ふみ子を自殺から救った。

ふみ子は、自殺するのをやめて、川原の柳の木に寄りかかりながら、しずかに考えた。もし自分が今ここで死んだなら、祖母は、自分の母や世間の人びとに、なんとでもうそを言いたててふみ子の自殺の言いわけをするだろう。どんなぬれぎぬを着せられるかわからない。死んでしまったら、自分には申し開きをすることはできない。「死んではならぬ」と、ふみ子は自分に言った。

なんとかして、自分をいじめる人びとにたいして復讐したい。復讐の方法は、学問をしてこの社会で出世して、いま自分をいじめている人びとを見返してやることだと、ふみ子は思った。

私は死の国のしきいに片足踏みこんで急にきびすを返した。そしてこの世の地獄である私の叔母の家へと帰った。帰ってきた私には、一つの希望の光が——憂鬱《ゆううつ》な黒い光が——輝いていた。そうして今は、もうどんな苦痛にも耐え得る力をもっているのだった。私はもう子どもではなかった。うちにとげをもった小さな悪魔のようなものであった。知識欲が猛然として私のうちに湧き上がってきた。

世の中の人はどういうふうに生きているのか。この大きな大自然の中に、どんなことが行なわれているのかを、彼女は知りたいと思った。

高等小学校二年を終えると、ふみ子は、朝鮮から日本に送り返された。まず浜松《はままつ》の、父と叔母と弟の住む家に行くと、そこではふみ子が子どもの時に見た「佐伯家系図」が床の間にかけられており、家中のものが毎朝それに手を合わせて拝むという暮らしがくりひろげられていた。父の佐伯文一は、地方の新聞の記者をしており、その新聞に悪口を書かれることをおそれて、浜松の人びとからは、表向きはたてられていた。この家でおとなしくしていれば、朝鮮の場合とおなじくふみ子にとっては、穏かな家庭の主婦としての未来がひらけたであろう。しかし、彼女は父のすすめた実科女学校裁縫科に通うことにあきたらず、父とあらそっ

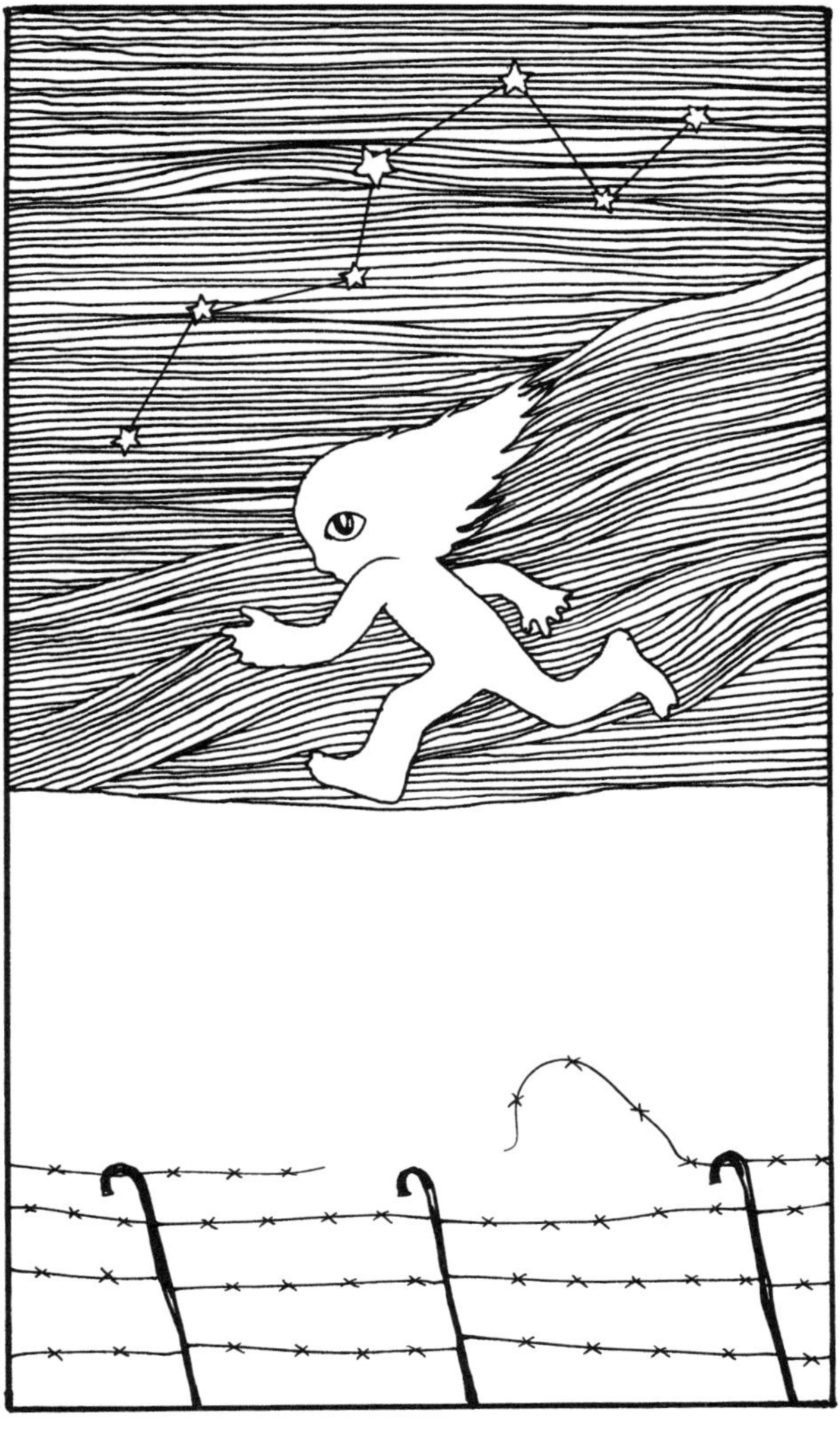

て東京に出た。

ふみ子は、自分が望んで行けなかったころの小学校のことを、「私のあこがれの国」と呼んでいる。学校に行けなかったゆえに彼女の中には学校にたいする情熱が育っていった。はじめ彼女は、地方の女子師範に行って小学校の先生になり、経済上の自立を計ってから、ゆっくりと自分の好きな学問をしようと思った。しかし、そのために必要なわずかの補助も、親類からは得られそうにもないので、こんどは新聞配達をしながら、女学校卒業程度の学力検定試験を受け、その上で女子医専に進むことに目標をきりかえた。そして検定試験に必要な英語、数学、漢文の三科目の学力をつけるために、英語は神田《かんだ》の正則《せいそく》に、数学は研数学館に、漢文は麹町《こうじまち》の二松学舎《にしようがくしや》というふうに学校をえらんで通った。

新聞配達も思わしくなく、その後、夜店の露店商人の手伝い、女中奉公、酒場のてつだいなどしているうちに、ふみ子は朝鮮人の社会主義者と近づきになる。その近づきになりかたは、いかにも彼女らしい。

ふみ子には、瀬川《せがわ》という男友だちがいた。ある夏の夜、ふみ子は瀬川の下宿に泊まった。一組しかないふとんに、いっしょに寝た。次の朝、

「ねえ、博さん、こんなことしていて、……もし子どもでもできたらどうするつもり」と聞くと、瀬川はふみ子のほうを振りむいてから、両手をのばしてあくびをして、ものうそうに

答えた。

「子どもができたらどうするかだって。ぼくはそんなこと知らないよ。」

ふみ子は、二人の間に子どもができた時のことをまじめに考えていた矢先だったので、この瀬川の答えにたじろいだ。それでも、なにかもっと言ってくれるかと思って待っていると、瀬川はなにも言わないで、窓のわきの壁からヴァイオリンをとって、低い窓のかまちに腰かけて、のんきそうにひきはじめた。

ふみ子はいやになって瀬川の部屋を出ると、洗面所に近い部屋に、前の晩に瀬川から紹介された玄という朝鮮人がいるのを見た。

「おはようございます。昨晩は失礼しました」

と、ふみ子は自分から先に声をかける。

「いや、ぼくのほうこそ。昨晩は雨でしたが、きょうはいい天気ですねえ。」

玄はあいさつを返した。

玄にさそわれて、ふみ子はかれの部屋にはいり、雑談をかわしているうちに、壁にはってある写真の中に、ふみ子の友だちの姿を見つけた。ふみ子がこのころからつき合いはじめた社会主義者の仲間だった。

そこから急に玄はうちとけてきて、自分の生まれのことなども話しはじめた。かれは京城《ソウル》の財産家のひとりむすこで、東洋大学の哲学科に籍を置いている。社会主義の運動では、親がかりで大学に行っているために、ほんとうの仲間とはみとめてくれないと言っていた。

そこに、荒々しいスリッパの音がして瀬川が現われた。

「ふみちゃん、そうだれの部屋へでも出入りしては困るね。帰っといで」

「なんですって。」

さっきからの不満を爆発させて、ふみ子は言い返した。

「おおきなお世話です。わたしの足でわたしが歩くのが、なんでいけないんです。わたしの勝手だわ。だまってらっしゃい」

「だって玄さんが迷惑するじゃないか。朝っぱらからじゃまをされては」

「おだまんなさい」

と、ふみ子は男のことばをさえぎって、

「玄さん自身が承知しているのに、あなたがなにをいう権利があるんです。そんなおせっかいをするより弁当でももって、さっさと出ていらっしゃい。それが、いっそう、あなたに似合っているわ」

「おぼえていやがれ」

と瀬川はおこって、捨てぜりふを残して、勤めに出ていった。

そのころの男の常として、瀬川は、一度自分とからだの結びつきをもった女にたいしては、自分のものとしてひとりじめにする権利をもつと考えていた。しかし、ふみ子は、いったん身をまかせたからと言って、たよりにならぬ男の言いなりになっていたらどうなるかを、自分の母親の生活からまなんでいる。からだの結びつきをつくるとしても、それは女にとって、自分の自由を失うことであってはならない。この考え方は、彼女が幼い時から味わったつらい思い出を通して彼女の身についたものだった。

こうして、瀬川からはなれて玄と親しくなったふみ子は、やがて玄とわかれる。玄は、ドイツに留学するとか、くにの親が危篤だとかいろいろの口実をもうけて、ふみ子からはなれていった。

そのころ、日比谷《ひびや》に「社会主義おでん」という名で知られている小料理屋があった。ふみ子は、そこで働きながら夜の学校に通った。玄というふたしかな男には捨てられたけれども、ふみ子はその後も、朝鮮人の友だちと親しくする。このころになって彼女は、夜の学校に行くことがいやになってきた。

時間がきても学校に行こうとしないふみ子をあやしんで、友人の鄭が、

「おや、あなた学校は？」

と注意した。

「学校？　学校なんてどうだっていいの」

「どうしてです。あなたは苦学生じゃないんですか」

「そう。もとは熱心な苦学生で、三度の食事を一度にしても学校は休まなかったのですが、今はそうじゃありません」

「それはどうしてです」

「別に理由はありません。ただ、今の社会で偉くなろうとすることに興味を失ったのです」

「へえ？　じゃ、あなたは学校なんかやめてどうするつもりです」

「そうね。そのことについて今しきりと考えているのです。私はなにかしたいんです。ただ、それがどんなことか、自分にも、わからないんです。が、とにかくそれは、苦学なんかすることじゃないんです。私には、なにかしなければならないことがある。せずにはいられないことがある。そして私は今、それをさがしているんです。」

　自分ひとり家の前の桜の木の根もとにうずくまって、遊び友だちが手をつないで小学校に通うのを見送っていたころから、ふみ子は、学問をして偉い人になることをただ一つの目標として生きてきた。いつも学校の先生からいじめられてきたが、自分はその、先生の教えたと同じ理想のもとで生きてきたことになる。その理想が急に色あせた。

「私は今、はっきりとわかった。今の世では、苦学なんかして偉い人間になれるはずがないということを。いや、そればかりではない。世間でいうところの偉い人間ほどくだらないものはないということを。人々から偉いといわれることになんの値打ちがあろう。私は人のために生きているのではない。私は私自身の真の満足と自由とを得なければならないのではないか。私は私自身でなければならぬ。」

彼女には、自分のような貧乏人が勉強したくてもできないわけがわかった。資本主義の社会では、金をもっている人びとが、貧しい人びとを圧迫し、その力をくじく手だてをつくる。だから、このような社会のしくみを変えるために民衆が革命を起こす。その結果、革命の指導者は権力を得る。しかし、革命をともにたたかった民衆はなにを得るだろうか。ふみ子は、革命の結果について、明るい見通しをもつことはできなかった。

ふみ子の親しい女友だち新山初代《にいやまはつよ》は言った。

「私は人間の社会にたいして、これといった理想をもつことができない。だから、わたしとしては、まず気の合った仲間ばかり集まって、気の合った生活をする。それがいちばん可能性のある、そしていちばん意義のある生き方だと思う。」

その新山初代の考え方は、社会主義者の間では逃避だと言われて、評判がよくなかった。

ふみ子は、初代の考え方に共感をもった。しかし、すこし違う。

ふみ子も初代とおなじように、今の社会を、万人の幸福となる社会に変革することは不可能だと思った。また、この点でも初代とおなじことになるのだが、ふみ子もまた、人間みながこのように生きなければいけないという一つの社会の型に、この世を合わせていくべきだというほどの理想を見いだすことはできなかった。だが、初代とはちがってふみ子は、気の合った仲間がいっしょに暮らすというだけではなく、その仲間がいっしょになにかの仕事をするということがたいせつだと考えた。

けれど私には一つ、初代さんとちがった考えがあった。それは、たとい私たちが社会に理想を持てないとしても、私たち自身には私たち自身の真の仕事というものがあり得ると考えたことだ。それが成就しようとしまいと私たちの関した(かかわりのある)ことではない。私たちはただこれが真の仕事だと思うことをすればよい。それが、そういう仕事をすることが、私たち自身の真の生活である。

私はそれをしたい。それをすることによって、私たちの生活が今ただちに私たちと一緒にある。遠いかなたに理想の目標をおくようなものではない。

鄭のところにあった雑誌の中で、ふみ子は短い詩を見つけた。その作者に会いたいと思い、やがて会うことができた。それが朴烈(一九〇二―七四)だった。かれは、ふみ子より一つ年上で、あまり背の高くない、やせぎすな、まっくろな髪を肩までのばした男だった。

やがて二人はこんなことを話し合う。

「ねえ、ふみ子さん。金持連中は、結婚すると新婚旅行というのをやるそうですね。で、ぼくらもひとつ、同棲記念に秘密出版でもしようじゃありませんか」

「おもしろいですね。やりましょう」

と、ふみ子は、少しはしゃぎ気分で、

「何をやりましょうか。わたし、クロのパン略*をもっているけど、あれをふたりで訳しましょうか」

「あれはもう訳が出ていますよ。それに、ひとのものなんか出したくないですね。それよりも、貧弱でもふたりで書いたほうがいいですねえ。」

＊　一八九二年に発行されたクロポトキン著『パンの略取』フランス語原文の英訳本。この英訳本は、はじめ一九〇六年に発行され、一九〇九年に幸徳秋水《こうとくしゅうすい》によるその日本語訳が出たが、すぐに発売禁止となり、ふみ子たちが話をしているこのころ、手に入れることはむずかしかった。日本語訳がたやすく手にはいるようになったのは、一九六〇年に岩佐作太郎《いわささくたろう》訳が出てからのことである。

やがてふみ子は朴烈とともに暮らし、不逞社《ふていしゃ》という仲間をつくって、『太《ふと》い鮮人』（あいつはふといやつだという意味をふくめて）という雑誌を出し、日本の社会を思うままに批判した。このために、大正一二年（一九二三年）九月一日の関東大震災の後に、ほかの多くの社会主義者とおなじく、朴烈と金子ふみ子は警察にひかれた。かれらは皇太子（昭和天皇。当時は大正天皇が病気のため皇太子が摂政となっていた）を暗殺しようという計画をもっていたとされ、裁判にかけられ、大正一五年（一九二六年）三月、死刑を宣告された。

のちに、死刑は無期刑に変えられた。天皇の名まえによる恩赦の知らせを市谷《いちがや》刑務所長室によばれてきいた時、朴烈はその特赦状を受け取ったが、金子ふみ子はその紙を所長の秋山要《かなめ》の見ている前で破りすてた。

天皇の特赦状を破りすてるということには前例がない。こんなことを発表すれば、天皇を侮辱するものにたいして恩赦状をあたえるようにはからった政府の責任を追及されて、内閣がたおれるであろうと思ったので、秋山刑務所長はこのことを一九四五年の敗戦後まで、人にかくしていたという。

裁判は、朴烈と金子ふみ子が皇太子暗殺の実行計画をもっていたことを立証し得なかった。爆弾とか銃とかがかれらの手もとにあったわけではなく、ましてや何月何日何時に皇太子を暗殺するという手はずができていたわけではない。この意味では、この裁判は朴烈と金子ふ

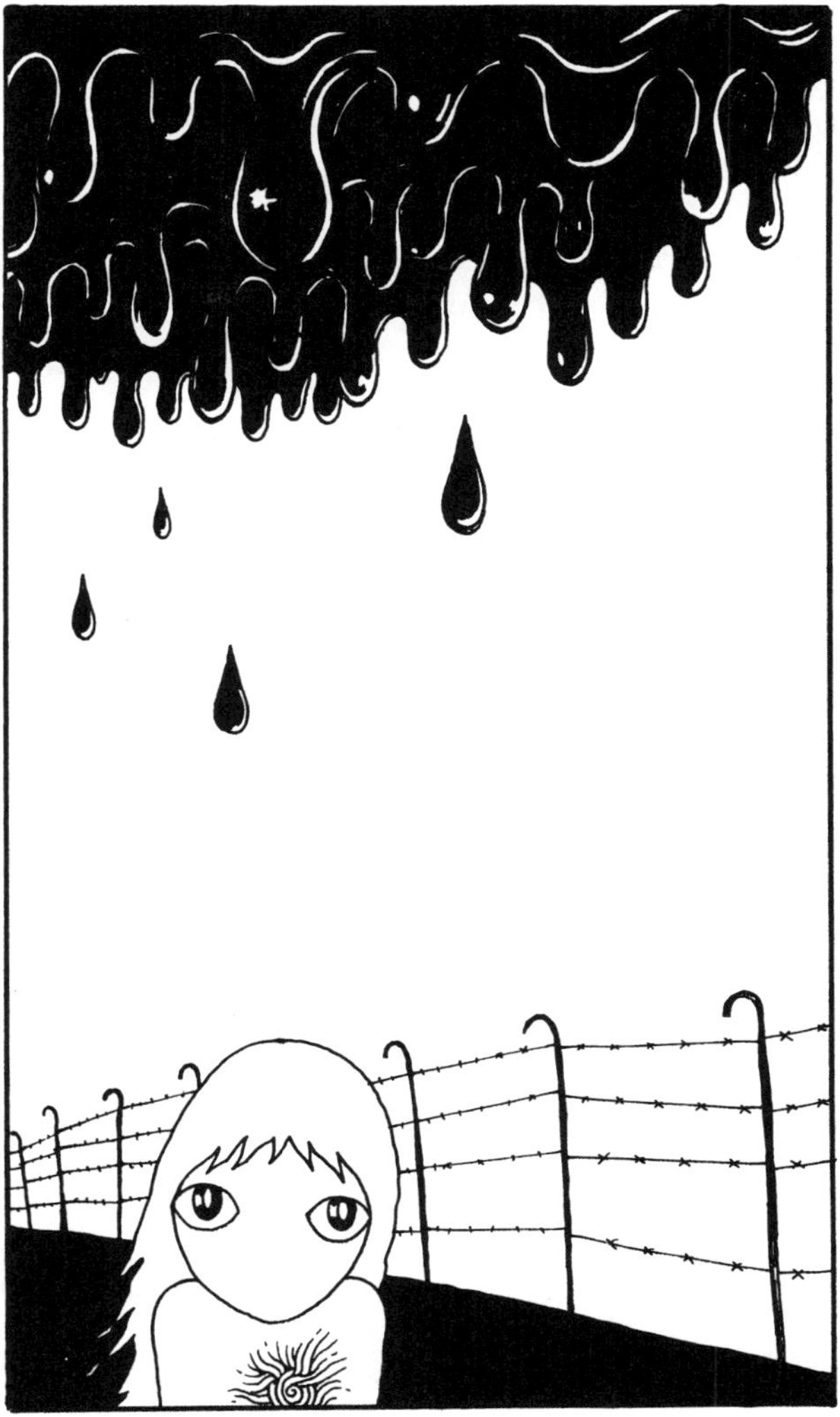

み子の行動をさばいたのではなく、その思想をさばいたのである。思想として、朴烈と金子ふみ子は、天皇を否定しており、そのゆえに、自分の否定している天皇が死刑取り消しの赦《ゆる》しを自分にあたえることをふみ子は許さなかった。

朴烈は、一九四五年一〇月二七日、日本敗戦後の占領軍の指令によって、獄中から釈放された。金子ふみ子は、死刑取り消し直後の一九二六年七月二三日、栃木県栃木市の宇都宮刑務所栃木支所で首をくって死んだ。

とらえられてからの金子ふみ子には、死刑、それからあとは無期徒刑（旧刑法用語、無期懲役刑）が待っていた。獄中での彼女の仕事は、自叙伝を書くことだった。

それは、立松《たてまつ》予審判事が取り調べの必要上、資料として書くことをたのんだものだったが、どういうふうにはじまったにせよ、いったんこの仕事にとりかかったからには、ふみ子は、この自叙伝に裁判のさいの自己弁護の材料になる以上のものをもりこみたかった。

この手記が裁判になんらかの参考になったかどうだかを私は知らない。しかし裁判も済んだ今日、判事にはもう用のないものでなければならぬ。そこで私は、判事にたのんでこの手記を宅下げしてもらうことにした。私はこれを私の同志に贈る。一つには私についてもっと深く知ってもらいたいからでもあるし、一つには同志としてもし有用だと考えるならこれを本にして出版してほしいと思ったからである。

と、彼女は、この手記のはじめに書いている。このことから考えると、ふみ子は、刑が確定してから自殺するまでの間に、この手記に手を加えて、それを最後の仕事としたようである。出版への希望を持ちつつ、彼女は出版を待たずに死んだ。出版を通して多くの友人を得て、それらの人びとと生きながら意見をかわすことは、彼女がこの手記を書く動機ではなかった。教育者にも、政治家にも、社会思想家にも、そしてなによりもまず世の親たちにこの本を読んでもらいたいと彼女は書いたが、そういう同時代あるいは後世の読者以上のものにむかって、彼女は、この手記を投げだしたようである。

この手記の中で、ふみ子は、朝鮮からもどってしばらく浜松で過ごしてから山梨にひとりで帰った時に、塩山の駅で会った知り合いの男にだまされて、汽車に酔ったのをよいことにして、料理屋につれてゆかれ、そこでいたずらをされたことを書いている。そのころ、ふみ子は一四歳で、男との経験はこの時がはじめてだった。

このことを私は、今までついぞ一度も口外したことはなかった。けれど、私の存在がもういつこの世から消えさるかも知れない今となっては、隠しておく必要もない。私の生活や思想や性格の上に大きな影響を及ぼしたであろうと思われるなにものをも、私は今、白日のうちにさらけ出しておかねばならぬ。それはただに法官が私を見る一つの材料として必要であるより、もっと大きな真理の闡明《せんめい》（明らかにすること）のために絶対に必要なことだと思うからである。

事実を裁判官の前に明らかにしたところで、国家が彼女について公正な裁きをするだろうとは、彼女はけっして期待しなかった。むしろ、裁判が彼女に自叙伝を書くいとぐちをあたえたことを活用して、彼女は、この手記を、裁判よりも、国家よりも大きなもののために書いた。

何が私をこうさせたか。私自身なにもこれについては語らないであろう。私はただ、私の半生の歴史をここに繰り広げればよかったのだ。心ある読者は、この記録によって充分これを知ってくれるであろう。私はそれを信じる。

まもなく私は、この世から私の存在をかき消されるであろう。しかしいっさいの現象は現象として滅しても、永遠の実在の中に存続するものと私は思っている。私は今、平静な冷やかな心でこの粗雑な記録の筆をおく。私の愛するすべてのものの上に祝福あれ！

このようにふみ子は自叙伝を結んだ。この手記の中で、彼女は、自分がどうして現在のような立場をとるようになったかについての理論的根拠をのべていない。しかし、彼女の生涯を彼女の筆を通してもう一度たどる時、彼女が日本の社会がどういうものであるかについての彼女なりの理論をもっていたことは明らかだ。日本の国家の内部で無籍者として育った彼女は、日本の国家内におなじように無籍者として生きる朝鮮人に引き寄せられていった。日本の国家が、朝鮮人から土地をうばい、言語をうばい、富をうばったその側面から、この日本という国を見ることをまなんだ。その時、朝鮮人にたいする差別、無籍者にたいする差別をしている政府の頂点に天皇が立っていることを見た。彼女は、天皇制にたいして負けずに無籍者としての自分をつらぬく道をさがし求めた。

金子ふみ子の遺骨は、彼女が首をくくって死んだ刑務所（今の栃木刑務所）のある栃木市の町はずれの「合戦場」にうめられた。同じ刑務所で死んだたくさんの人たちと共同の墓石がたっている。

それとは別に、彼女の伴侶となった朴烈の縁者は、日本の警察の目をさけて、朝鮮の山奥に、ふみ子の墓をたてた。

林　尹夫——死を見つめる

金子ふみ子の自殺から五年たった昭和六年（一九三一年）に、満州事変がはじまった。それは、日本軍の部隊が政府の命令によらずに起こした戦闘であり、日本にとっては一五年つづく戦争の始まりとなったものだが、ほとんどの人はそうとは知らずに、うずの中にまきこまれていった。

戦争の中で育った人びとは、やがて自分が国家の命令で死に追いやられた時に、一人一人が力をつくして自分の生きていることの意味を考えた。生きている以上、死にたくない。からだの底からわき出るその欲望を自分の意志の力でねじふせて、国家の目的に添わせようとした。その努力のあとが手紙と手記に残っている。

その戦争がどのようにして始まり、どのようにして終わるかについて真実を見抜くまで考えた青年もいた。しかし、かれらもすでに国内では軍国主義にたいする抵抗はうちくだかれていて軍隊の内外でともにたたかう仲間を見つけることはできず、かれら自身が軍国主義時代の学校と家庭に育っているために国家への忠誠という価値観が自分の肉体と精神にしみわたっていて自分の内部にも国家への反逆と抵抗をくわだてる力を見いだすことができなかった。

林尹夫《はやしただお》（一九二二―四五）は、はやく父をなくし、その後は四歳年長の兄の働きで、母とともに暮らした。神奈川県立横須賀《よこすか》中学をへて、京都の三高（第三高等学校、今は京都大学教養学部）にまなび、やがて京都大学文学部に入学した。

三高から京大にかけて、かれは読書と講義についての感想を書き込んだ日記を残した。そのころはすでに国家主義の時代にはいっていたが、かれは自分で河合栄治郎《かわいえいじろう》などのファシズム批判の本をえらんで読み、自分の求める方向が自由主義にあると、昭和一五年（一九四〇年）四月一五日の日記に書いている。

やがて中国との戦争がアメリカ、イギリス、オランダにたいする戦争にひろがった昭和一八年五月二一日の日記には、その二日前にきいた田辺元《たなべはじめ》教授の月曜講義「死生」について、共感をもってその趣旨を書きとめている。

田辺元は、人間と神とは直接に結びつくことができないと説いた。人と神とは国家をなかだちとして結びつくものであり、ともすればばらばらになりやすい神・国家・人の三つをつよくむすびつけるのが学問の役割であると説いた。国家のために死にとびこんでゆく、決死の覚悟が、われわれを死生の迷いから救うものであるというのが田辺元の講義の結論だった。

この講義の要旨を書きとめた一九四三年五月二一日に、連合艦隊司令長官山本五十六《やまもといそろく》海軍大将の戦死が国民につげられた。

尹夫は、自分の未来が、せまくなったことを感じている。

おなじ年の九月二三日、学生への兵役猶余《ゆうよ》が停止された。「学徒出陣」という名で、全国の大学・専門学校の生徒三〇万人が兵士として召集された。

林尹夫は、昭和一八年（一九四三年）一二月九日、京都大学在籍のまま横須賀の第二海兵団にはいり、海軍二等水兵となった。

あくる年の昭和一九年二月一日には土浦《つちうら》海軍航空隊に入隊し、海軍飛行予備学生となり、五月二五日に卒業。大井《おおい》航空隊に移った。ここは兄の家に近かったので、よく兄をたずねて、戦争の性格についてかくすところなく話し合った。この戦争が日本の中国侵略にはじまった帝国主義戦争であること、より大きな軍事力であるアメリカ、イギリス、ソヴェト、中国の連合によって日本が負けるということを、かれは知った。のちに鳥取県の美保《みほ》基地に移ってから、兄が会いに行くことを知らせると、かれはこんな返事を書いた。

(最後の便り　昭和二〇年五月三〇日)

お手紙拝見しました。きていただくということ、お志《こころざ》しはありがたいのですが、私はあまりお目にかかりたくないのです。

これはなにも、遠路はるばるきていただくのがお気の毒というわけで、こう言うのではありません。

ほんとうのところ、いまのまま、なんのつながりもなく、一人で生活しうることを幸福に思い、また、たのしく思います。

それだけで、もう充分ではないですか。

我々が語りあったような局面が、日に日に現実となり、再建は、また我々が充分に語りあったような、苦しい努力によってのみ可能でしょう。

我々はすでに、充分に話しあったわけではないですか。これ以上、なにをつけ加える必要がありましょう。

我々がともに生活する段階はすぎました。

いずれの路にゆくとも、別れを悲しまず、いままた……なにをか言わん。

終始、父親のように、私のために、ご苦労ばかりなされた兄さんに、いま、こういうことをいうのは、あまりにも申訳ない言い方ですが、いまの私の感情がおもむくままを申し上げるのですから、なにとぞ、この点、御賢察の上、お許しくださいますよう、お願いします。

予期したものとはいえ、我々の予想が事実となるのは、さびしいですね。

追伸

毎日げんきでおります。

暇はないのですが、なにかのたのしみと、やり残しの不愉快さのために、気にかかるホグベン『百万人の数学』（原書）を至急にお送り願います。

戦局ますます苛酷、いまとなってはなにを言挙《ことあげ》する必要もなし。ただやらんかな。

……ホグベン、いや、いりません。むだです。これは不要。ではまた

兄上様

尹夫

こなくていいという、かれの意志を押し切って、兄は、美保基地をおとずれ、六月八日から一二日まで、かれと同じ宿舎で暮らした。大井航空隊にいたころ、尹夫は、兄がかくしてもっていたレーニンの『国家と革命』をほしがっていた。兄は、かなりためらったすえ、その本を弟にあたえた。社会主義革命を起こして、やがて国家制度を廃止する計画をといたこの本を、弟は、一枚ずつちぎって海軍の便所の中で読み、場合によっては食べてしまったと、この時、話した。兄は弟に、

「死んではだめだ。俺は死んではならぬと決心して行動してくれ」

と言うが、弟は、

「もうぜんぶ終ったのだ。だめだよ兄さん」

とこたえて、兄に抱きついた。(林克也「回想に生きる林尹夫」)

尹夫は、七月に奈良の大和《やまと》基地に移り、七月二七日午後一〇時、ただ一機で偵察飛行に出かけ、二八日午前二時、アメリカの海軍第三八機動部隊の空母群を見つけてこれと接触、ア

メリカ軍の戦闘機にむかえうたれ、四国沖で通信を断った。日本の国家が敗北を受け入れる一八日前のことだった。なくなる前に、美保基地で、かれは、「日本帝国終末」という詩を書いた。その結びに言う。

かつて存在した人間関係は
すべて深い溝で切断され
我ら　もはやなんの繫《つなが》りも
持ち得なくなっている

親しかりし人々よ
あなた方はいま
いったい生きているのか
それとも　明日の再建をひかえて
生命の源泉を培っているのか

だが
現在の生なくして
なんで明日《あす》の生が
存在しえようか

すべては　崩壊する
日本に終末がくる
ああ　タブー
カタストローフよ

（林尹夫『わがいのち月明に燃ゆ』筑摩書房、一九六七年）

死の箱の中でめざめたかれには、このように書くことが、自分が生きていることのあかしだった。

本書関連年表

社会のうごき

一八二五年	異国船打ち払い令。
一八三三年	天保の大飢饉。百姓一揆激化。
一八三七年	米国船モリソン号が浦賀に入港して砲撃される。
一八四〇年〜四二年	アヘン戦争。
一八四二年	異国船打ち払いをあらため、薪水《しんすい》および食料供給を約束。

個人のことがら

一八二七年	中浜万次郎が生まれる。
一八四一年	万次郎の漂流。ハワイ島ホノルル上陸。 田中正造が生まれる。
一八五〇年	万次郎、ホノルルから日本にむかう。
一八五一年	万次郎、琉球に上陸。

社会のうごき

一八五三年	ペリーが浦賀に来る。
一八五四年	ペリー再来。幕府、ペリーと和親条約をむすぶ。
一八五八年	日米修好通商条約。
一八六三年	長州、米艦とたたかう。薩英戦争。
一八六四年	幕府、第一次長州征伐をはじめる。
一八六六年	第二次長州征伐。
一八六七年	王政復古。
一八六八年	江戸開城。

個人のことがら

一八五三年	万次郎、幕府の直参となる。
一八五七年	万次郎、軍艦教授所教授。捕鯨術伝授のため函館に行く。横田英子が生まれる。
一八五九年	万次郎、小笠原近海で捕鯨。田中正造、小中村名主となる。
一八六〇年	万次郎、咸臨丸にのりくみ、米国に行く。
一八六八年	田中正造、農民の首領として入牢。

一八七一年	廃藩置県。 岩倉具視らの一行欧米視察。
一八七二年	徴兵令発布（翌年実施）。 富岡工場設立。
一八七三年	征韓論がやぶれる。
一八七五年	韓国の江華島を、日本の軍艦が砲撃。
一八七六年	佩刀《はいとう》禁止。 日朝修好条規。
一八七七年	西南戦争。

一八六九年	中浜万次郎、新政府により開成学校教授に任命される。二年後に引退。 田中正造が牢から出され、六角家領地から追放される。
一八七〇年	田中正造、江刺《えさし》県官吏となる。
一八七一年	田中正造、殺人の疑いで入獄。
一八七三年	横田英子ら富岡工場に入る。
一八七四年	田中正造、無罪放免となる。 横田英子ら、富岡工場から松代にかえり、西条に六工社《ろっこうしゃ》をたてる。

社会のうごき	
一八七七年	古河市兵衛が足尾銅山を手に入れる。
一八八〇年	国会開設を請願。 自由民権運動おこる。
一八八九年	憲法発布。
一八九〇年	第一回帝国議会。 吾妻村臨時村会が栃木県知事にあてて、足尾銅山採掘停止を望む上申書を出す。
一八九四年〜九五年	日清戦争。

個人のことがら	
一八七九年	田中正造、土地の売り買いで三千円もうける。栃木新聞をおこす。
一八八〇年	田中正造、栃木県会議員となる。 横田英子は製糸工女をやめ、和田盛治と結婚。
一八九〇年	田中正造、国会議員に当選。国会で足尾銅山鉱毒問題をくりかえしとりあげるが、きかれず。
一八九八年	中浜万次郎がなくなる。
一九〇一年	田中正造が衆議院議員をやめる。 足尾鉱毒について天皇に直訴。

一九〇四年〜〇五年	日露戦争。
一九一〇年	日韓併合。
一九一四年	第一次世界大戦。日本軍、青島を占領。
一九一五年	中国に二一カ条要求。中国受諾。
一九一八年	米騒動。シベリア出兵により日本政府はロシア革命干渉にのりだす。
一九二三年	関東大震災。在日朝鮮人と社会主義者の虐殺。

一九〇三年	金子ふみ子が生まれる。横浜、山梨をへて、朝鮮にうつる。
一九一三年	田中正造が渡良瀬川流域の下羽田でなくなる。
一九二二年	林尹夫が生まれる。
一九二三年	金子ふみ子、朴烈とともに捕えられる。
一九二六年	金子ふみ子と朴烈、死刑を宣告される。その直後に天皇の名による恩赦で無期刑にかえられる。ふみ

社会のうごき	
一九二七年	金融恐慌。
一九三一年	満州事変。日中戦争にうつる。
一九四一年	日本と米英蘭との戦争（太平洋戦争）。
一九四五年	日本降伏。

個人のことがら	
	子は刑務所内で自殺。
一九二九年	横田英子、足尾でなくなる。
一九四三年	林尹夫、「学徒出陣」で召集される。
一九四五年	林尹夫、四国沖で消息をたつ。

あとがき（一九七二年）

この本を書くのに、多くの人にお世話になった。

中浜万次郎については、中浜東一郎『中浜万次郎伝』（一九三五年）、中浜明《あきら》『中浜万次郎の生涯』（冨山房、一九七〇年）、池田皓《いけだあきら》編『日本庶民生活史料集成 第五巻 漂流』（三一書房、一九六八年）、荒川秀俊《あらかわひでとし》編『近世漂流記集』（法政大学出版局、一九六九年）、石井研堂《いしいけんどう》校訂『漂流奇談全集』（博文館、一九〇〇年）、石井研堂編『異国漂流奇譚集』（福永書店、一九二七年）によるところが多かった。

田中正造については、敗戦直後に石川三四郎からきいたこと、石川さんからかりて読んだ木下尚江『神・人間・自由』（中央公論社、一九三四年）が、最初の方向をあたえた。後になって林竹二《はやしたけじ》の「抵抗の根」（「思想の科学」一九六二年）を読んだ時に、田中正造の意味について新しく眼をひらかれた。この本の肖像は、林氏の啓発によるところが多い。事実については、木下尚江編『田中正造之生涯』（田中正造之生涯刊行会、一九二八年）によった。この本では青年期までを主にしたので、ふれるところがすくなかった後年については、島田宗三《しまだそうぞう》『田中正造翁余録 上・下』（三一書房、一九七二年）が刊行の途にあることを付記しておく。

横田英子については、和田英『富岡日記』（東京法令出版、一九六五年）とその本のうしろについている上条宏之《かみじょうひろゆき》の周到な解説によるところが多い。もろさわ・ようこの『信濃のおんな 上・下』（未来社、一九六九年）も、参考になった。高畠通敏《たかばたけみちとし》氏の助力で、真田志《し》ん氏のお話をうかがい、真田仁臣氏、高橋雲峰氏に横田英子の生家と六工社あとを案内していただくことができたし、和田あい子氏、和田一雄氏の思い出をうかがうこともできた。真田淑子《よしこ》氏から和田英・佐久間象山著『我が母の躾・女訓』（信濃毎日新聞社出版部、一九四一年）をおかりすることができた。

金子ふみ子については、金子ふみ子『何が私をこうさせたか』（春秋社、一九三一年、『現代日本記録全集 第一四巻 生活の記録』筑摩書房、一九七〇年に再録）によった。私が金子ふみ子にひかれるようになったのは、佐野美津男《さのみつお》の『日本の女たち』（三一新書、一九六四年）を読んでからのことである。井上光晴《いのうえみつはる》との対談（「金子ふみ子をめぐって」『現代日本記録全集 第一四巻 生活の記録』）からも多くを教えられた。韓国にある金子ふみ子の墓については、瀬戸《せと》内晴美《うちはるみ》の随筆によった。

林尹夫については、林尹夫『わがいのち月明に燃ゆ――一戦没学徒の手記』（筑摩書房、一九六七年）によった。

この本は、個人が社会の中の自分の位置に気づき、社会にむかってはたらきかける方向をきめるその時を中心に、その人の肖像をえがくことを目標にした。五つの肖像が、明治以後の日本の社会を考える手がかりとなることを望む。

社会の中での自分のめざめは、古くはG・H・ミードの主題であり、今はE・H・エリックソンの主題である。両者の著作は、理論的著作から遠いこの記録にも影をおとしていると思う。

沢井雅子氏に原稿の整理をてつだっていただいた。感謝する。

筑摩書房編集部の山田丈児、土器屋泰子、本多雄二の三氏に、待っていただいたことについてとくに感謝する。

一九七二年五月二五日

鶴見　俊輔

文庫版あとがき（一九九四年）

なぜ、この五人をえらんだのか。

歴史を書く時に、何がその時代におこり得なかったかをわきまえていることが、大切だ。それは、その時代のもっとも大きい流れにそうて書くことを、かならずしも意味しない。その時代には少数派であっても、いやたったひとりであっても、批判をもって生きた人の立場からえがくという道がある。

中浜万次郎、田中正造、横田英子、金子ふみ子、林尹夫《ただお》は、それぞれ、時代からはみだす部分をもっていた。その部分をおしころすこと、その部分をねむらせることをこの人たちはあえてしなかった。時代をしっかりと見すえて、しかもその時代の主流となる生き方の流れに自分を一体化することがなかった。

そのはみだした部分が、百年あるいは数十年とびこえて、別の時代に生きる私たちにうったえる。もし私たちが、今の時代からはみだす部分をもっているならば、そこに対話がうまれる。

佐々木《ささき》マキ氏の絵は、主人公に覆面させている効果があり、そのわくぐみの中に、自由に読者が自分で目鼻だちをかきいれることができる。そのようにして、この主人公たちは、未来性をあたえられる。この人たちが、未来に生きる道がひらけているように感じられる。

さし絵についての打ちあわせをする機会をもたず、本になった時に絵を見て、絵が、この本に生きる力をあたえると思った。


今度、読みかえしてみて、私の文章は、むずかしい。しかし、この本を書いた時から四半世紀たった今、このころよりも私の文章が、読みやすくなったかどうかは、うたがわしい。

赤川次郎《あかがわじろう》氏に解説を書いていただいた。赤川さんの文章は、努力しなくとも読めてしまう。そのようでありたいと思うのだが、私には達しがたい。佐々木マキ氏と赤川次郎氏の助けをかりて、この文庫版が、新しい若い読者にとどくことを望む。

一九九四年一月一七日

鶴見　俊輔

解説にかえて　「一枚のハガキから」

赤川　次郎（作家）

そのハガキの消印を見ると、もう十年も前のことである。

当時、多摩《たま》ニュータウンに住んでいた僕の所へ一通のファンレターが届いた。——作家専業になって五年目、初めの内こそ、ファンレターにはせっせと返事を出していたが、作品の映画化などを機に、一気に手紙の数もふえて、目を通すのさえやっと、という状態になってしまった。

けれども、都内の病院に入院中という、その中学生の女の子からの手紙は、「検査で一か月の入院」のはずが「もう半年も入院したままです」とあって、当人がどう思っているかはともかく、これは難しい病気なのかもしれない、と思わせるものだった。

すぐに返事を出した。そして「退院したら、また手紙を下さい」と書き添えておいた。

それから何か月かたって、夏の暑いさ中、そのハガキが僕の手許《てもと》に届いたのである。あの手紙の少女の母親から、十日ほど前に娘さんが「十五才と六ケ月の早い人生に終りをつげて遠いところに旅立ちました」という知らせだった。

自分の娘がまだやっと九つかそこらのころである。十五才という、「元気の代表みたいだった」年ごろの娘が失われるということ。——胸がふさがれる思いで、僕はそのハガキを読み進んだ。

そして、ファンレターの返事をもらった少女が、見舞いの客に「見せびらかして大喜び」だったことを知って、いくらか救われた気がした。

入院中、本屋で捜してくるのが大変なほど、僕の本を「むちゃくちゃに読みあさって」いたことを知らせてくれた後、ハガキは、「今ごろ天国でもきっと読んでいるのでは？　と空を見上げております」と結ばれていた。

——若い人の死がやり切れないのは、「将来何かやれるはずだった」可能性もまた同時に失われてしまうからだ。

といって、もちろん人間は長生きして努力さえすれば、何でもやりとげられるものではない。才能と努力では誰にも負けない人間が、小さな不運によって挫折《ざせつ》することはいくらもある。

普通、「伝記」という形で語られるのは、「成功した人間」、「何かを成しとげた人間」の生涯である。

けれども、「何かを成しとげない内に」死ななければならなかった人間もまた、決して劣らない価値のある人生を送ったのではないか。いや、むしろ天下を治めたような人間が、しばしばそのかげに犠牲を強いられた莫大《ばくだい》な数の人々を隠していることを思えば、時代の中で「少数派」である道を選んで生きた人々こそ、歴史の中では「名もない大勢」に、心から共感を寄せられる人々だろう。

この本には、そういう人々——世間的な成功からは遠く離れているが、頑固なほど誠実に生きた人々の生涯がつづられている。


自分の不勉強を白状するようで恥ずかしい話だけれど、ここに取り上げられた五人の日本人の内、名前しか知らなかったのが「横田英子」と「林尹夫《ただお》」。名前すら知らなかったのは「金子ふみ子」。実に半分以上のページが「初耳」だった。

中でも、「金子ふみ子」の生涯は凄《すさ》まじいものである。不幸と悲惨の連続する少女時代は、ほとんど安手のメロドラマに近いかもしれない。しかも、その命を自ら絶ったとき、まだ金子ふみ子は二十三年しか生きていなかったのだと知って唖然《あぜん》とする。

当時は、そういう境遇にいた子供が他になかったわけでないにしろ、ふみ子の負った不幸は何人分もの人生に匹敵すると言っていいだろう。

しかし、ふみ子のすばらしいのは、その境遇から抜け出そうとして頑張るのでなく、むしろ貧しさを誇りとし、惨めさを選び取って生きていることだ。

現代では、貧しいこと、不幸なことは「可哀そう」なことと同じである。けれども少し前には必ずしもそうではなかった。

もちろん、病気の子供を医者に診せられないとか、冬に暖が取れないといったことは辛《つら》いものだ。だが、たとえば第二次大戦後、日本中が貧しかったころに作られた日本映画の数々を見ると——渋谷実《しぶやみのる》の「本日休診」とか、成瀬巳喜男《なるせみきお》の「おかあさん」とか——そこでは貧しさは単に辛いものではない。できれば何とかしたいのは当然だが、一方、良心に恥じない生き方をするには「貧しくいるしかない」、という気分がある。

貧しくても、恥ずかしいことはしてないぞ、と胸を張っている姿があって、心を打つ。

それは、「高度成長」とか「所得倍増」とかが、文句なしに「いいこと」とされる前の話だ。——思えば、日本はそこから少しずつおかしくなって来た。

高い志というものが見失われて、みんなが「商売優先」になってしまった。

こういう時代には、たとえば「徳川家康《いえやす》」をサラリーマンが出世の参考書にするなどという、冗談のようなことが起る（時代も国際環境も全く違うのに！）。

この『ひとが生まれる』という本を、「成功するための手引」として読むことはできない。むしろここでは「本当に成功するとはどういうことか」が問われている。

その答えは、取り上げられた五人それぞれの生き方の中に、自《おの》ずと見付けられるだろう。


娘さんを亡くした、あの母親からのハガキは、今も僕の机の引出しに入っている。原稿を書くのに疲れ、うんざりしたとき、時折そのハガキを取り出して眺める。

そのハガキは、僕が作家になったことで、少なくとも病床の一人の少女に慰めを与えられたことを教えてくれる。僕が小説を書いていることが、全く無意味ではない、と教えてくれているのだ。

――この本は、人間らしく生きようとする人、本当の自分を見付けたいと願う人にとって、僕の一枚のハガキのように、「元気の源」となる本なのである。

解説　アナキズムの火を灯し、五人の生涯を照らす

ブレイディみかこ（ライター・作家）

鶴見俊輔《つるみしゅんすけ》は、昨今の日本のアナキズム研究者界隈《かいわい》では「ツルシュン」などと呼ばれて読み親しまれてきた（影響を受けた人、否定する人、の双方いるが）。

わたし自身、アナキズムには好意的な読み手であり書き手であるので、五人の人物伝である本作を読んでいても、そうした思想が透けて見える箇所にやっぱり反応してしまう。

まず、冒頭の中浜万次郎《なかはままんじろう》だ。

二〇二〇年に死去した人類学者のデヴィッド・グレーバーを始め、海賊への憧《あこが》れとシンパシーを抱くアナキストは数知れない（学生時代の伊藤野枝《いとうのえ》なんかも、玄界灘《げんかいなだ》で海賊の女王になるかもなどと言っていたらしい）。ツルシュンもまた、海の上で生きる人間たちの姿にアナキズムの可能性を投影していた。

無人島で仲間たちと助け合いながら生き延びた時代、異国の捕鯨船に救助されてからの時

代を経た万次郎は、「国家とか法律とか身分の上下をこえて、自然の力に対抗しておたがいを守る」者たちの特別な信義を知っていたという。さらに、（二〇世紀に入ってからは通信の発達で船もすっかり国家の支配下に置かれてしまったが）万次郎が船員として活動した一九世紀までは、「人はいったん船にのって海上に出たならば、陸地にいた時のように国家の法律などを受けつけない別の世界」で生きていた。それは、「自然にたいして、人間が協同せざるを得ない、海のインタナショナリズム」だったとツルシュンは書いている。

命の恩人であり、主人でもあったアメリカ人の船長に向かって「友よ」と呼びかける万次郎は、無人島とアメリカで「人間の対等性」を学んだと彼は分析する。それは「世界じゅうの人間と対等の友だちとしてつきあってゆく志」であり、垂直な縦割り構造（支配・被支配）の世界ではなく、水平（友だち）な世界のありかたを希求するアナキズムの思想そのものと言っていい。

二人目の田中正造《たなかしょうぞう》は、「勤王攘夷《じょうい》か佐幕開国か、というような国家の問題に自分をかかわらせることを軽く見るのはいけないが、自分としては、身近の生活上の問題に打ち込む」という政治哲学を貫いた人だ。「正造の思想は、全部の日本人だけが自分の同胞だという考え方から、世界の人間が自分の同胞だという考え方に進むと同時に、かれが自分の全力をあげて取り組むのは、故郷に近い栃木県谷中《やなか》村の鉱毒問題ただひとつにかぎられることになる」

のだ。

「思想はコスモポリタン（世界主義的）、行動はローカル（地方主義的）」だった田中正造は、社会を遠近両用メガネで見ながら、遠くばかりを見て観念的になり過ぎない、自らの足元が闘いの本拠であることを実践する地べた派のアナキストだった。立命館大学経済学部の松尾《まつお》匡《ただす》教授の『新しい左翼入門』を思い出した。氏は、日本の左翼運動は二つに分かれて宿命的な対立を繰り返してきたとし、それは「理想や理論を頭に抱いて、現実がそのとおりでないと「上から目線」で裁断して、現実を理想や理論どおりに変えようとする道」（ボルシェビスト＝社会主義者的なもの）と、「現実の抑圧された大衆の中で、その実感に基づいて「コノヤロー」と立ち上がる道」（アナルコ・サンジカリズム＝無政府主義的なもの）の間の相克だと言っている。

とは言え、ツルシュンは、アナキストもだんだん地べたから浮遊してきたと嘆いていた。『期待と回想』（ちくま文庫）収録の「アナキズムは何の方法か」の中で、「無政府主義そのものがきわめて知識人的になっちゃった」と発言し、「無政府主義者は国家を否定するという命題をポンと出すことで酔っぱらって、あとの細かいことを状況に合わせてくり返しやるということを回避しちゃった」と指摘した。そして、そこで「村の人だった田中正造」の名前を出し、国会議員をやめて農民のあいだで暮らし、村民の自治に基づく運動を支えながら死んでいった人だったと紹介しているのだ。アナキストよ、地べたからの「コノヤロー」を忘れるな。そんな意味を込めて、ツルシュンが田中正造について書いたのは腑《ふ》に落ちる。

前述の二人に比べると、『富岡日記』の著者、横田《よこた》英子《えいこ》（和田《わだ》英《えい》）が三人目に選ばれているのは、ちょっとわかりにくいチョイスだ。が、ここでツルシュンがやろうとしたのは、家のために生きた「明治の代表的日本女性」の中にもアナキズムの精神を見ることはできるのだというパラドキシカルな技ではないか。「アナキズムというのは理想なんだけど、じつはもうここにあるということでもある」（「アナキズムは何の方法か」）のだから。

横田英子の生涯を貫いた精神は、母親の養育によるところが大きかった。彼女は、何かよからぬことをしたときにご先祖様に恥ずかしくないのかと言われて育った。しかしそれは、「そのご先祖様はすでに死んで形もなくなっているのだから、つまり、自分の心の中にいる正邪の尺度ということになる」のであり、ここで立ち上がってくるのは、誰かが決めた尺度に支配されるのではない、自主自律のスピリットである。「古いとされている忠と孝とが、彼女の場合には、日本に工業技術を入れる力として働き、自分の生涯を自分の意志できめて生きるという個性的な生き方のささえとなった」と彼は分析している。

「私の哲学は全部、おふくろのいったことに対する注釈」（『期待と回想』収録「かるたの思想」）と言ったツルシュンだけに、横田英子の評伝でも母の教えに関する筆致には力がこもっている。彼女の母親は「貧乏は恥ではない」と繰り返し言った。そして、子どもに言うだけではなく、自らも自分が言っていることを守った。うそをついてはいけないと子どもに教えているのだから、自分も子どもには絶対にうそを言わなかった。「おもちゃひとつにしても、あげるといったからには、なんとしてでも、やらなくてはいけない」のだ。

これなどはデヴィッド・グレーバーが、「Are You An Anarchist? The Answer May Surprise You!」という論考で書いたことにそっくりだ。大人は子どもに「自分がしてもらいたいように人にしてやれ」とか「分かち合え」とか説教するくせに、現実はそういう風にはできてないと考え、人間は基本的に利己的で競争的だと思い込んでいる。つまり、大人は自分の子どもに教えること（あるいは親に教わったこと）を信じていないのだ。だからグレーバーはこう言った。裏を返せば、アナキストとは、子どもに教えることを本気で信じている人々なのだと。

親の教えを忠実に守り、ご先祖様たちに恥じない生き方を心がけた横田英子の生涯を論じる一方で、家や国家といった枠組みから外れたところで育った無籍者の金子《かねこ》ふみ子《こ》（金子文子）を紹介しているのは、心のアナキスト、ツルシュンの真骨頂だろう。彼女についてはわたしも複数の本で書いてきたが、彼のふみ子論でわたしが特に好きなのは、彼女の思想の根っこにあった楽天性を指摘したところだ。子ども時代にこれでもかというほど虐待や理不尽を体験しながらも、彼女が生き延び、卑屈になることなく「ふてえ」アティテュードを持ち続けられたのは、究極のところで楽天的な人だったからだろうとわたしも思う。

ツルシュンは自分の哲学を「おふくろのいったことに対する注釈」と表現したが、ふみ子の哲学は自らが体験してきたことに対する注釈だった。「本を読むことを通して歩いていったのではない。自分の出会う一つ一つの体験について、自分で態度をきめてゆくこと、つまり自分の体験を読むことを通して、彼女は歩いていった」のだ。働いていると本が読めなくなるかもしれないが、働いていると本を読むより世の中の構造がありありと見えてくることがある。暮らしに育まれたプラグマティズムの知恵を重んじたツルシュンが、ふみ子に惹《ひ》かれたのは当然のことに思える。

そして、本書のトリを飾る五人目の人物は、『わがいのち月明に燃ゆ』の著者で戦没学徒の林尹夫《はやしただお》だ。最後に収められたこの章は、拍子抜けするほどあっさりと短く、そのアンバランスさに「え？」と思う人も多いだろう。しかし、その儚《はかな》さが読者に妙な不穏さを感じさせるのも事実だ。

戦争で命を落とした学生の詩で本書が終わっているのはなぜなのだろう。その理由を探るヒントになるようなツルシュンの言葉を見つけた。

今村冬三の『幻影解「大東亜」戦争——戦争に向き合わされた詩人たち』（葦書房）という本には感心しましたね。かれは戦争が終わったとき十七歳だった。戦後に詩を読みはじめて、大東亜戦争下に詩人たちがどうして戦争賛美の詩を書いたのかがわからない、と考えるようになった。自分なりに探ってみて結論を得た。こうです。

「詩人は無名よりも有名であり続けることを欲した。戦争の時代に戦争賛美の詩を書くのはこの目的からいって当然である。詩人は有名を欲した。だから戦争賛美の詩を書いた。死ぬことは別の人がした。死ぬ側に立った人には別の詩があった」

（『期待と回想』収録「転向について」）


ツルシュンは、死ぬ側に立った人の別の詩をこの評伝集のラストに入れたのだ。

だんだん一九三〇年代の世相に似てきていると知識人たちがこぞって指摘する現代に、この本に再注目する意味がここにあるのではないか。無所有の側からの国家批判がアナキズムの意味だと言った日本の哲学者の、別の詩をうたい続けよという檄《げき》を聞き流してはならない。

挿　画　佐々木マキ
図表作成　本島一宏

本書は、一九七二年七月に筑摩書房より刊行され、九四年三月にちくま文庫化された作品を新書化したものです。

底本には九四年の文庫初版を使用しました。

新書化にあたり、著作権継承者のご了解を得て、原本の誤記・誤植を正しました。また、図表も作り直しました。

本文中には、身体・精神障害への差別を助長しうる「ドモリ」「狂人」、職業差別を表す「人夫」「職工」「沖仲仕」など、今日の人権擁護の見地に照らして不適切な箇所がありますが、作品の時代背景及び著者が故人であることに鑑み、底本のママとしました。

鶴見俊輔（つるみ・しゅんすけ）
1922年東京生まれ。哲学者、思想家。旧制中学を２度退学後、渡米。ハーバード大学哲学科卒業。46年、都留重人や丸山眞男らと共に雑誌「思想の科学」を創刊。プラグマティズムと論理実証主義を中心とした欧米の思想潮流を日本に紹介した。京都大学助教授、東京工業大学助教授を歴任するが、60年日米安全保障条約決議に反対して辞職。同志社大学教授を務めた後、評論活動を中心に活躍する。哲学から映画、マンガといった大衆文化まで幅広く思索の対象にすると同時に、市民運動にも深く関わった。『戦時期日本の精神史』（岩波書店）で82年大佛次郎賞を受賞。その他の著書に、『アメリカ哲学』（世界評論社）、『限界芸術論』（勁草書房）、『柳宗悦』（平凡社）など多数。2015年逝去。

ひとが生《う》まれる
五人《ごにん》の日本人《にほんじん》の肖像《しょうぞう》
鶴見《つるみ》俊輔《しゅんすけ》

2025年 4 月 10 日　初版発行

発行者　山下直久
発　行　株式会社KADOKAWA
〒102-8177　東京都千代田区富士見 2-13-3
電話　0570-002-301（ナビダイヤル）
装 丁 者　緒方修一（ラーフイン・ワークショップ）
ロゴデザイン　good design company
オビデザイン　Zapp!　白金正之
印 刷 所　株式会社暁印刷
製 本 所　本間製本株式会社

角川新書

ISBN978-4-04-082521-2 C0295

KADOKAWAの新書 好評既刊

統一教会との格闘、22年
鈴木エイト

2002年、都内で偽装勧誘を目撃したのをきっかけに、統一教会の問題とかかわるようになった著者。時に嫌がらせ、脅迫、圧力を受けながらも一人、偽装勧誘阻止や取材を行ってきた。「鈴木エイト」であり続けられた背景をたどる。

経営教育
人生を変える経営学の道具立て

岩尾俊兵

人生、仕事、家庭、社会における問題の根本原因である「有限な価値の奪い合い」には、対処する方法がある。本書では即実践可能な「経営学の道具立て」である価値創造三種の神器を解説。気鋭の経営学者にして経営者による最新提言。

バブルリゾートの現在地
区分所有という迷宮

吉川祐介

狂乱のバブル期、デベロッパーのターゲットにされたのが新潟県湯沢町などのリゾート地だった。数十年が経ち、そこには価格が暴落したり、法律の濫用で身動きが取れなくなった施設が存在する。不動産問題を調査する著者が現状を伝える。

軍拡国家
望月衣塑子

武器輸出の原則禁止が2014年に解禁され、10年が過ぎた。歯止めは少しずつ緩和され、ついに殺傷能力を持つ武器まで輸出可能に。防衛予算も激増した。政治家の思惑、空虚な日米同盟、製造現場の人々の思いなどを多角的に伝える。

財閥と学閥
三菱・三井・住友・安田、エリートの系図

菊地浩之

「三井物産は高商（現・一橋大）閥だった」「戦後の三菱グループは慶応閥が拡大」――その真偽の程は？「財閥作家」として定評のある著者が膨大な史資料を通して、四大財閥の三菱・三井・住友・安田に形成された学閥の起源をひもとく。